イラスト版
体育のコツ

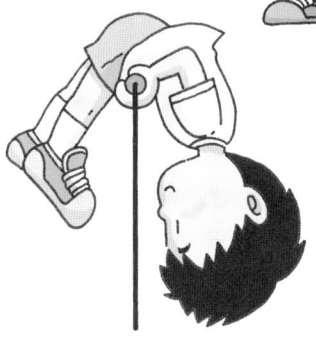

山本 豪[著]
体育の家庭教師「スポーツマジック」代表

運動が得意になる43の基本レッスン

合同出版

この本の使い方

　「イラスト版 体育のコツ」は、小学校の体育でおもに行われる種目を取り上げ、その練習方法をイラスト入りで紹介しています。初歩的な練習から徐々にステップアップしていき、最後には各種目がマスターできるようになっていますので、順を追って練習するようにしましょう。このステップはできているから……と思う場合でも、飛ばさずに、必ず「ステップ1」からはじめるようにしてください。基本をしっかりとマスターすることが、さらなるレベルアップにつながります。

　各ステップには、できたかどうかをチェックする欄があります。説明どおりにできたら、チェックマークを書き入れ、つぎのステップに進みましょう。

✓ **ひじの角度**
← ここにチェックマークを入れる

　このとき、イラストと同じような姿勢、動きができているか確認することも大事です。鏡の前で自分の姿を見ながら、またはお友だちや家族に見てもらって、できているか確認しましょう。

　また、ビデオを撮ってもらって自分の動きを見ると、どこが悪いか、直すべきところがさらによくわかります。走り方ひとつをとっても、自分が思っている動きと実際の動きには差があるものです。

　練習は、なるべく続けて行うようにしましょう。しばらく日にちが空くと、前にやったことを忘れてしまいがちです。いつまでも本を見ながらでないと練習方法がわからないようではいけません。本を見なくてもできるようになれば、頭では理解している証拠ですから、あとは体と連動させていくだけです。運動は、頭でっかちでも、体の動くままでもなく、頭と体でおぼえることが大切なのです。

　自分がイラストのように走ったり泳いだりしている姿をイメージすることも大切です。これは「イメージトレーニング」といって、自分が上手にできている姿を頭の中に思い浮かべ、実際の動きにつながるようにするというトレーニングです。一流スポーツ選手も取り入れているトレーニングです。

　体調があまりよくないときや雨がふって外

で運動できないときなど、実際に体を動かすことができないときには、イラストを見ながらイメージトレーニングしましょう。

　練習をする前には、まず服装の確認をしましょう。ジャージ、Tシャツなどの動きやすいかっこうをしていますか？　革ぐつやサンダルではなく、足に合った運動ぐつをはいていますか？

　のび縮みしない素材のものを着ていると、曲げたときにひざやひじに引っかかって動きづらくなります。革ぐつやサンダルをはいていると、くつずれやねんざのもとになります。

　準備体操も大切です。急に運動をすると、体に負担がかかってしまい、けがをしやすくなります。全身の筋肉をよくのばしたり、関節をまわすなどして血流をよくしておくようにしましょう。

　練習は、間に休憩をとりながら行いましょう。集中力のないダラダラ練習は意味がありません。汗をふいたり水分をとったりすることで、体も心もすっきりします。集中力を持続させるよう心がけましょう。

　また、暑い季節は熱中症になる恐れがあります。とくに水分補給を忘れないようにしましょう。

　練習したあとは、準備体操と同じように筋肉をのばしたり、呼吸をととのえたりして、疲れを残さないようにしましょう。おふろのあとにストレッチ体操やマッサージをすると、さらに疲れを取りのぞくことができます。

　以上のことに注意して、本書を手にチャレンジしてみましょう。体育が得意な子も、そうでない子も、しっかりとした練習をすれば、必ず成果は出てきます。「やればできるんだ！」と思う気持ちがいちばん大切です。

体育の家庭教師「スポーツマジック」代表
山本　豪

CONTENTS
もくじ

この本の使い方 ——————————————————————— 3

CHAPTER 1 走りをマスター
- レッスン **1** うでふり ——————————————————— 8
- レッスン **2** 足の上げ方 ————————————————— 10
- レッスン **3** 接地の仕方 ————————————————— 12
- レッスン **4** けり足の引きつけ —————————————— 14
- レッスン **5** スタートダッシュ —————————————— 16
- レッスン **6** 中間走→フィニッシュ ———————————— 18
- レッスン **7** 長距離走 —————————————————— 20
- ★新体力テスト① 上体起こしをマスター ——————————— 22

CHAPTER 2 なわとびをマスター
- レッスン **8** なわのまわし方 ——————————————— 24
- レッスン **9** 前とび ——————————————————— 26
- レッスン **10** 交差とび —————————————————— 28
- レッスン **11** 2重とび —————————————————— 30
- ★新体力テスト② 長座体前屈をマスター ——————————— 32

CHAPTER 3 てつぼうをマスター
- レッスン **12** 逆上がり① ————————————————— 34
- レッスン **13** 逆上がり② ————————————————— 36
- レッスン **14** 前方支持回転① ——————————————— 38
- レッスン **15** 前方支持回転② ——————————————— 40
- レッスン **16** 後方支持回転① ——————————————— 42
- レッスン **17** 後方支持回転② ——————————————— 44
- ★新体力テスト③ 反復横とびをマスター ——————————— 46

CHAPTER 4 マット運動をマスター
- レッスン **18** 前転① ——————————————————— 48
- レッスン **19** 前転② ——————————————————— 50
- レッスン **20** 後転① ——————————————————— 52

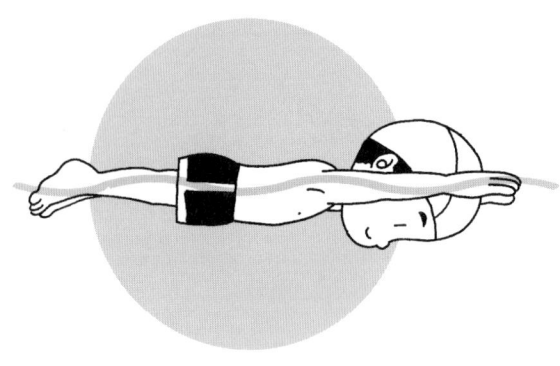

レッスン 21	後転②	54
レッスン 22	倒立前転①	56
レッスン 23	倒立前転②	58
レッスン 24	側転①	60
レッスン 25	側転②	62
★新体力テスト④	20mシャトルランをマスター	64

CHAPTER 5　とびばこをマスター

レッスン 26	開脚とび①	66
レッスン 27	開脚とび②	68
レッスン 28	台上前転①	70
レッスン 29	台上前転②	72
レッスン 30	閉脚とび①	74
レッスン 31	閉脚とび②	76
★新体力テスト⑤	立ち幅とびをマスター	78

CHAPTER 6　泳ぎをマスター

レッスン 32	水に慣れる①	80
レッスン 33	水に慣れる②	82
レッスン 34	クロール①	84
レッスン 35	クロール②	86
レッスン 36	クロール③	88
レッスン 37	クロール④	90
レッスン 38	平泳ぎ①	92
レッスン 39	平泳ぎ②	94
レッスン 40	背泳ぎ①	96
レッスン 41	背泳ぎ②	98
レッスン 42	バタフライ①	100
レッスン 43	バタフライ②	102
★新体力テスト⑥	ソフトボール投げをマスター	104

付　録	ウォーミングアップとクールダウン	105
かいせつ		108
関連情報		111

CHAPTER 1 走りをマスター

　走ることは陸上競技だけでなく、ほとんどの運動種目で必要です。しかし、スタートからゴールまで、ただがむしゃらに走っていても速くはなりません。また、変なくせがついてしまうと、それをなおすことはもっと難しくなります。

　ここでは、足が速くなるための各部分の使い方を意識したドリルを紹介します。うでのふり方、足の上げ方など、「今まで気にしていなかったけど本当は大事」なことがたくさん書いてあります。最初はゆっくりでもよいので、正確にやるように心がけ、走り方の基本をしっかりとマスターしましょう。

短距離走①
レッスン **1**

うでふり

うでふりは、走る動作になくてはならない動きです。このレッスンでは正しいうでふりをマスターしましょう。

ステップ 1 基本の姿勢をマスターする

ひじの角度

気をつけの姿勢から、両ひじを約90度に曲げる。手は軽くグーをつくる。

約90度

ひじの位置

わきが開きすぎたり、しめすぎてうでと体がすれたりしないよう、左右交互にうでふりをする。

しめすぎはダメ

開きすぎはダメ

ここが大事!

鏡の前で自分のうでふりを確認してみよう

「グー」をふるのではなく、ひじを前後させるようにしよう。

「グー」をふろうとすると、こうなりやすい。

一定のリズムでうでをふる

ふりの大きさ

極端に大きすぎたり、小さすぎたりはダメ。目安としては「グー」が自分の顔の高さにくる程度。

大きすぎてはダメ　　小さすぎてはダメ

 ## 道具を使ってうでふり練習

うでをリズミカルにふる

水の入ったペットボトルやこぶし大の石などを持ってうでふりをしてみよう。

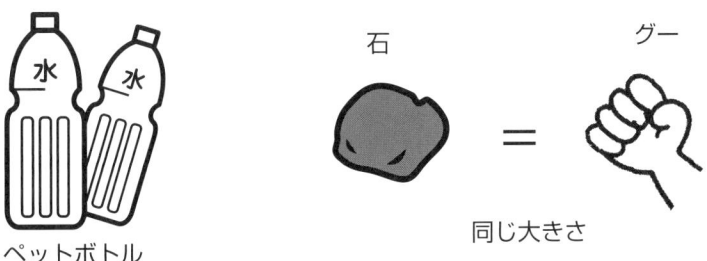

ペットボトル　　石　＝　グー　同じ大きさ

ここが大事!

うでふりは肩から先で行うこと

わきが開いていたり、極端に大きくふったりすると、うでに引っぱられて上体がローリングしてしまう。

CHAPTER 1 ● 走りをマスター

| 短距離走② レッスン 2 | # 足の上げ方 |

正しい姿勢でしっかりとひざを上げるように心がけましょう。何度もくり返し練習して、足の動きをマスターしましょう。

基本の動きをマスターする

☐ ひざの上げ方

気をつけの姿勢から、どちらか片方のひざをまっすぐ上げる。

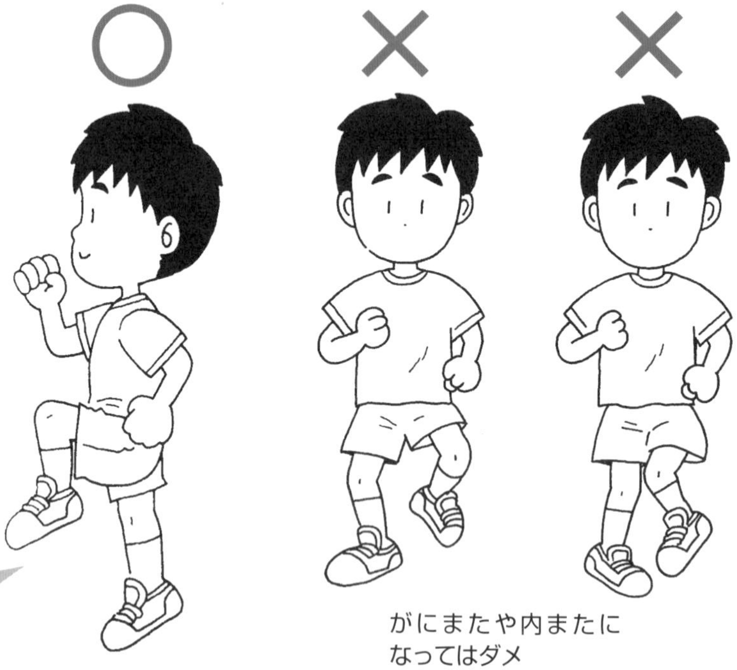

ポイント
着地しているほうの足のひざはしっかりとのばす。

がにまたや内またになってはダメ

☐ 上体の姿勢

背筋をしっかりのばし、目線を高く。

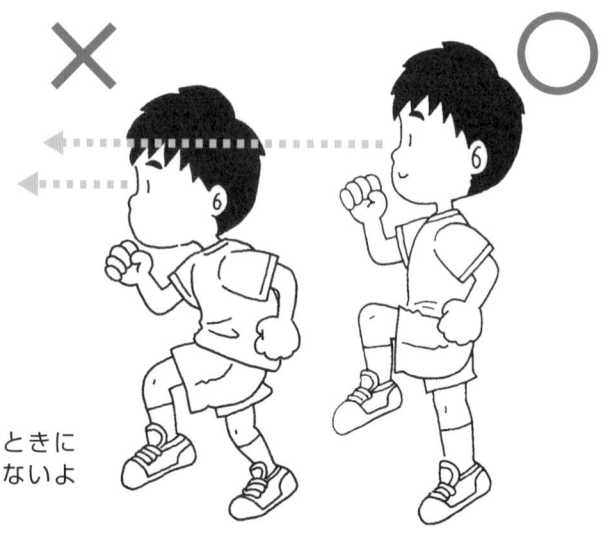

ひざを上げたときにねこ背にならないように注意

走る姿勢に近づける

背のびの姿勢で足を上げる

ポイント
目線を高く保つ
ようにしよう。

くつの接地面

仕上げの練習

左右の足をリズムよく交互に上げる

ステップ1・2でおぼえた動きや姿勢に注意して、左右の足を交互に上げる。
はじめはあわてずに、ゆっくりと正確に。
慣れてきたら「上げる・下ろす」を「1・2」とリズミカルにやってみる。

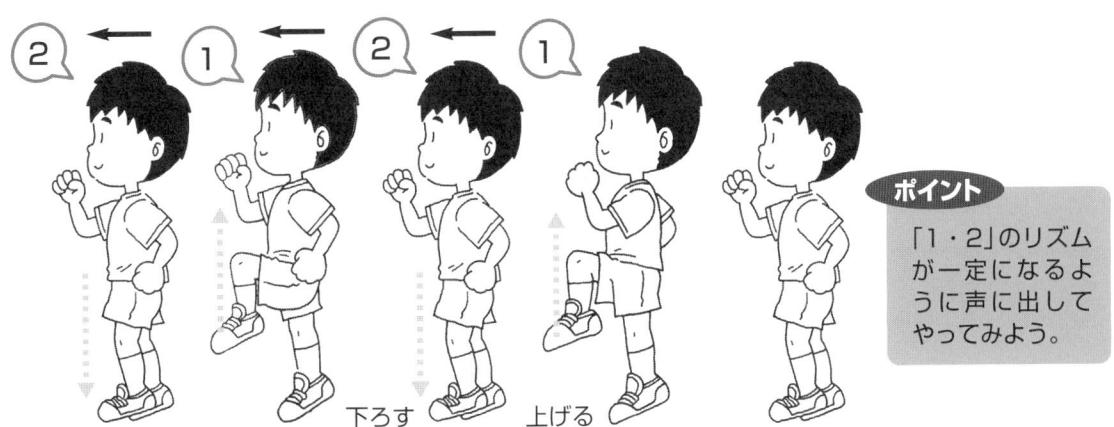

下ろす　　上げる

ポイント
「1・2」のリズム
が一定になるよ
うに声に出して
やってみよう。

リズムよく足を交互に上げられるようになったら、より実際の走りに近づけるために、一定の
リズムに合わせてジョギングからひざをするどく上げる練習をしよう。
慣れてきたら、間のジョギングを抜かして、連続してもも上げができるようにしよう。

CHAPTER 1 ● 走りをマスター　11

短距離走③
レッスン 3

接地の仕方

地面を足の裏でしっかりととらえて、けり出す練習をしましょう。
ひざをのばして足首の動きを意識することが大事です。

ステップ1 基本の動きをマスターする

足の動き
気をつけから背のびの姿勢をとり、ひざをのばしたまま、その場でかけ足。

うでふりをつけて
背のびの姿勢でひざをのばしたまま、うでふりをつけてその場でかけ足。

ここが大事！

× かかとをつけないようにしよう。

× ふり上げた足が外側に出ないようにしよう。

× おしりをうしろに引かないようにしよう。

 ステップ2

前に進む

■ 上体がうしろに倒れないように前に進む

ポイント
上体がうしろに倒れないようにする。

ここが大事!

ふくらはぎに力がかかっていることを確認できるようにしよう。

短距離走④ レッスン4 けり足の引きつけ

足の回転を速くするために、けり足をすばやく引きつける練習をしましょう。ももの裏の筋肉を意識することが大事です。

ステップ1 基本の動きをマスターする

はじめの姿勢
気をつけの姿勢から両手の甲をおしりに当てる。

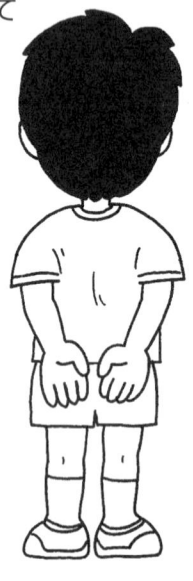

けり足の動き
かかとが手のひらに当たるように歩く。

ここが大事！

かかとは太ももからおしりにかけての部分に当てるようにしよう。

かかとがうしろに流れてしまってはダメ

かけ足でやってみる

かかとが手のひらに当たるように走る

ステップ1ができたら、かけ足をしてもかかとが手のひらに当たるように練習する。

ポイント
かかとの引きつけはできるだけ速く。

うでふりをつけて走る

かけ足でもかかとが手のひらに当たるようになったら、手をどけて、うでふりをつけて走る。

ポイント
手拍子をしてもらってそれに合わせて走るとリズムよく走れるよ。

ここが大事！

かけ足のときに、ひざが開かないように注意しよう。

CHAPTER 1 ● 走りをマスター　**15**

短距離走⑤
レッスン 5

スタートダッシュ

スタートダッシュがうまくいくと、その後の加速もスムーズになります。だれよりも速くとび出せるように練習しましょう。

ステップ1 足の前後を決める

気をつけの姿勢から、そのままの姿勢で前に倒れる

2、3回くり返しやってみる。

ポイント
倒れまいと先に出た足が、スタートの際のうしろ足になる。

ステップ2 基本の姿勢をマスターする

足を前後に開き、前傾姿勢で前足に体重をかける

ポイント
前後に開いた足の幅は自分のくつの1〜2足分。

ここが大事!

前傾するときは腰を大きく折らない。

上体が起きていてはダメ

 ## 走り出しをマスターする

はじめの一歩

「ドン！」でうしろ足を大きくふみ出さずに自分の顔の下にすばやくつく。

うでを力強くふって回転を上げる

その後も大またにならず、うでを力強くふって回転を上げる。
10〜20mの距離でタイムをはかって練習するとよい。

ここが大事！

ななめ前（下）を見る。

あごを上げてはダメ

短距離走⑥ レッスン6 中間走→フィニッシュ

スタートダッシュで加速したスピードを、さらに上げてゴールまで落とさないようにしましょう。ゴール前で気を抜かないように！

ステップ1 基本の姿勢をマスターする

あごを上げず、胸を張る

ねこ背にならないように、上を見ないようにして走る。
腰を高い位置に意識して、かかとからドスンと落ちないように走る。

ポイント
接地のときにペタペタと音が出ないようにしよう。

ここが大事!

○ 疲れてきてもピッチを落とさず走ろう。

× うでふりがバラバラにならないようにしよう（上体のローリングに注意）。

フィニッシュ

ゴールラインの5m先まで走るつもりで力を抜かない

ゴール前で油断するとタイムも落ちるし、相手に抜かされてしまう危険性大。

ここが大事!

ゴールラインをまたごうとして、最後に大またにならないようにしよう。

CHAPTER 1 ● 走りをマスター

長距離走①
レッスン 7

長距離走

長距離走はリズムが大事です。しっかりとウォーミングアップをし、リズムを守っていけば、楽に走れるようになります。

ステップ1 ウォーミングアップ

ジョギング

体操後、しっかりと汗をかくように15〜20分程度ジョギング。
寒いときは上着を1枚多くして暖かいかっこうで。

ポイント
息苦しくなるほどペースを上げないように。

ウィンドスプリント

ジョギングが終わったら、呼吸を整えて80〜100mのウィンドスプリントを2〜3本。

ポイント
全速力ではなく7〜8割の力で走ろう。

スタート地点へ

汗をふき、給水をとってスタート地点へ。

ポイント
給水は、飲みすぎるとおなかが痛くなる原因になるのでほどほどに。

リズム（呼吸法）をマスターする

呼吸のリズムには何種類かある。自分に合った呼吸法を見つけよう。
うでふりと同じリズムで呼吸することが大切。

☐「スッスッ、ハッハー」

2回吸って、2回吐く。

☐「スッスッ、ハー」

2回吸って、1回吐く。

☐「スッ、ハッハー」

1回吸って、2回吐く。

ここが大事！

日々の練習メニューには、「ゆっくり長い時間走る」と「速いスピードで短い距離を何本も走る」がある。その日によってどちらをやるか決めて練習しよう。

新体力テスト① 上体起こしをマスター

上体起こしは、筋肉が力を出したり、力を出し続けたりする能力（筋力や筋持久力）をはかるためのテストです。また、特別な道具もいらないし、家でもかんたんに行うことができるので、筋力・筋持久力アップにはちょうどいい運動です。毎日5回でも、10回でもいいから、続けてやってみましょう！

【用意するもの】
ストップウォッチ、マット
※秒針のある時計と布団でもOK。

【やり方】
マットの上にあおむけになり、両手を軽くにぎって両うでを胸の前で組みます。
両ひざの角度を90度の状態にします。
補助する人に、両ひざをしっかりと固定するように押さえてもらいます。
「はじめ！」の合図で、あおむけの姿勢から、両ひじと両太ももがつくまで上体を起こし、すばやくはじめの姿勢（あおむけ）に戻します。
この動作をくり返し、30秒間で何回、両ひじが両太ももについたかを記録します。

ここに注意！

- 両わきをしめ、両ひじを動かさないようにしよう。
- あおむけの姿勢のときは、背中がマットにつくまで上体を倒そう。
- メガネをかけている人は、はずしてからやろう。
- 補助する人と頭がぶつからないように気をつけよう。

◎記録アップのコツ◎

1回、1回、休んでいると、あっという間に30秒たってしまうよ。マットに背中をつけたときに、おなかの力をゆるめないようにして続けて行うようにしよう！

CHAPTER 2

なわとびをマスター

　なわとびは、ジャンプしている間に足の下になわをくぐらせる動作です。子どものあそびから、競技、体力づくり、ダイエットなど、幅広い利用目的で行われています。さまざまな技がありますが、高度な技ほどジャンプ力となわの回転力が必要となります。

　ここでは、小学校で一般的に行われる種目の練習方法を紹介しています。ジャンプ力をつけるというよりは、なわをしっかりとまわすことを意識した内容になっています。なわのまわし方やジャンプのリズムなど、なわとびの基本をしっかりとマスターし、3重とび、4重とびへとステップアップしてみましょう。

なわとび① レッスン8　なわのまわし方

なわとびはジャンプ力となわの回転力が大事です。このレッスンではなわの正しいまわし方をマスターしましょう。

ステップ1　片手で前まわしの練習

■ なわを上から地面にたたきつけるようにまわす

①で強く力を入れる。④、⑤にあるときに強くまわそうとすると、背中や頭にひっかかりやすくなるので注意。

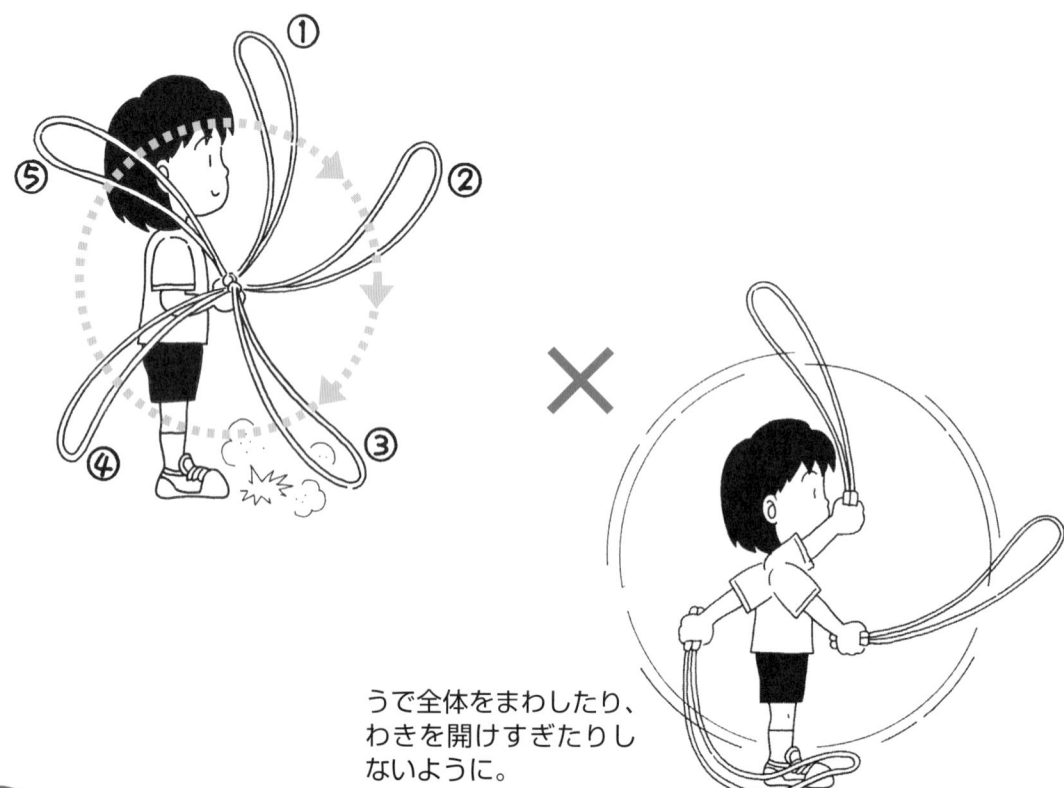

うで全体をまわしたり、わきを開けすぎたりしないように。

ここが大事！

なわが地面（くつの横）に「パシッ」と音をたててつくようにしよう。

両手で前まわしの練習

☐ 1回まわす

とぶ前の姿勢（なわはかかとのうしろ）から、上にまわして足元の地面にたたきつける。ジャンプはしない。

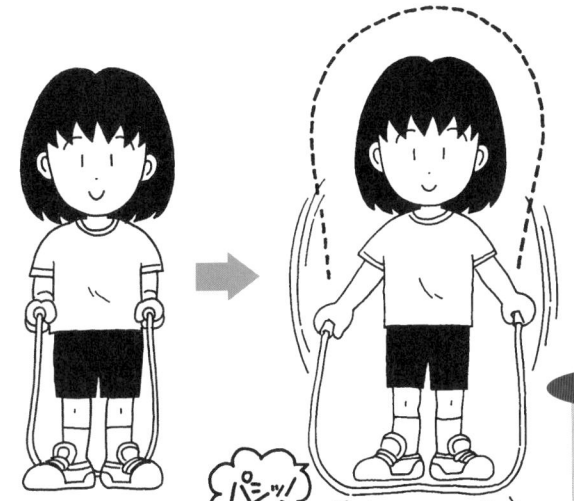

ポイント
このときもうで全体でまわさないように。

☐ 連続してまわす

自分の前になわがきたら、またいでくり返し練習しよう。

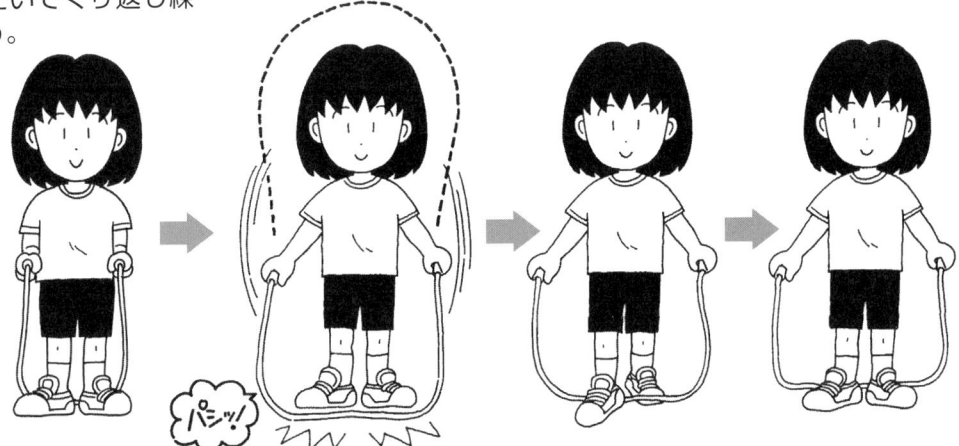

🌀 ここが大事!

前にまわしたなわが地面につかず、足に当たることのないようにしよう。足に当たる場合は、わきが開いているか、バンザイをしている状態なので、なわはたるまない。

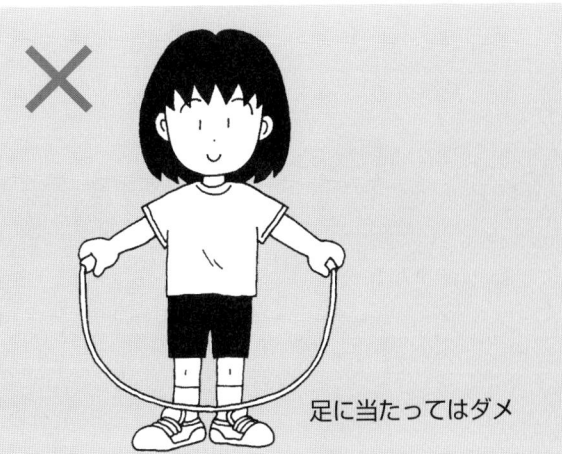

足に当たってはダメ

CHAPTER 2 ● なわとびをマスター　　**25**

なわとび② レッスン9 前とび

だれもが最初におぼえる、なわとびの基本といえるとび方です。基本をしっかりマスターして、高度な技にチャレンジしましょう。

ステップ1 なわを持たないでジャンプの練習

■ ひざをあまり曲げずにつま先でとぶ

かかとからドスンと落ちないように、つま先でとぶ。

かかとからドスンと落ちてはダメ

かかとをけり上げるようなとび方はダメ

ステップ2 片手でなわをまわしながらジャンプの練習

■ なわとジャンプのタイミング

レッスン8で練習したなわのまわし方に気をつけて、なわの「パシッ」と着地の「トンッ」が一緒にならないようにとぶ。

 ## 実際にとんでみる

なわのまん中をとぶ

ステップ2の練習をふまえてとんでみよう。

なわのまん中をとぶように心がけないとひっかかりやすいよ。

 ## うしろとびの練習

前とびと同じ要領で、逆まわしで練習する

怖がっておしりをうしろに引かないように注意。

CHAPTER 2 ● なわとびをマスター

なわとび③ レッスン 10 交差とび

交差とびは「バツ」を大きくつくることが大事です。うでをクロスしてまわすのは難しいけれど、コツをつかめるよう練習しましょう。

ステップ1 基本の姿勢をマスターする

「バツ」をつくる

体の正面で両ひじが重なるくらいにバツをつくる（うでをクロスさせる）。

ポイント
バツの中心は、胸より少し下あたり。

バツの中心が顔の前にきてはダメ

ステップ2 まわし方のコツをつかむ

片手でまわす

うでを「バツ」の形にしたまま、片手でなわを持って体の横でまわす。

ポイント
前まわしと同じように「パシッ」と音が鳴るように。

 ## まわし方をマスターする

両手でまわす

とぶ前の姿勢から上にまわして胸の前でクロス。
レッスン8「なわのまわし方」のステップ2の要領で、ジャンプはしない。

ポイント

体の正面につくったバツがくずれないように。

 ## 実際にとんでみる

リズムに合わせてとぶ

自分の決めた回数（ここでは3回）、前とびをしたあとクロス。
着地音の「トン」と合わせて「トン、トン、トン、クロス」のリズムで。

CHAPTER 2 ● なわとびをマスター

なわとび④
レッスン 11

2重とび

1回のジャンプのうちになわを2回まわす2重とびは、なわをまわすスピードが大事なポイント。速くまわせるように練習しましょう。

ステップ1　まわし方をマスターする

片手でなわをまわす

レッスン8「なわのまわし方」のステップ1の要領で、ここではなわが地面に当たる音が「パシッパシッ」と2回連続で聞こえるように。
なわのまわる音「ビュンビュン」でリズムをつかんでもよい。

ポイント
2周目の「ビュン」が遅くなりがちなので、2回しっかりと力を入れるように心がけよう。

ステップ2　実際にとんでみる

リズムに合わせてとぶ

自分の決めた回数（ここでは3回）、前とびをしたあと「ビュンビュン」。着地音の「トン」と合わせて「トン、トン、トン、ビュンビュン」「トン、トン、トン、ビュンビュン」のリズムでくり返し練習。

連続2重とびの練習

連続してとぶ

連続とびの場合は、着地音「トン」、なわのまわる音「ビュンビュン」が交互に聞こえるはず。

ポイント
連続して2重とびができない場合は、1回とんだあと前とびに戻して、また挑戦してみよう。

ここが大事!

2重とびの着地のあとは、すぐにジャンプ

着地のあとはすぐにジャンプして前まわしに入ろう

着地のあとにすわり込んでしまってはダメ

新体力テスト② 長座体前屈をマスター

長座体前屈は、体を曲げたり、のばしたりする能力（柔軟性）をはかるためのテストです。また、特別な道具もいらないし、時間もかからず、家でもかんたんに行うことができる長座体前屈は、柔軟な体をつくるのにちょうどいい運動です。

【用意するもの】
幅約22cm×高さ約24cm×奥行き約31cmの箱2個（A4コピー用紙の箱など）、段ボールの厚紙1枚（横75～80cm×たて約31cm）、ガムテープ、1mの巻き尺

【やり方】
両足を2つの箱の間に入れ、壁に背中とおしりをぴったりとつけ、足をまっすぐにのばしてすわります。足首の角度は固定しません。
肩幅の広さで両手のひらを下にして、手のひらのまん中あたりが厚紙の手前のはしにかかるように置き、胸を張って、両ひじをのばしたまま、両手で箱を手前にめいっぱい引きつけ、背筋をのばします。このときの箱の位置（箱の手前右または左）に巻き尺の0点を合わせます。
両手を厚紙から離さずに、ゆっくりと前屈し、箱全体をまっすぐ前方に、できるだけ遠くまですべらせ、止まったところで箱が移動した距離をcm単位ではかります。

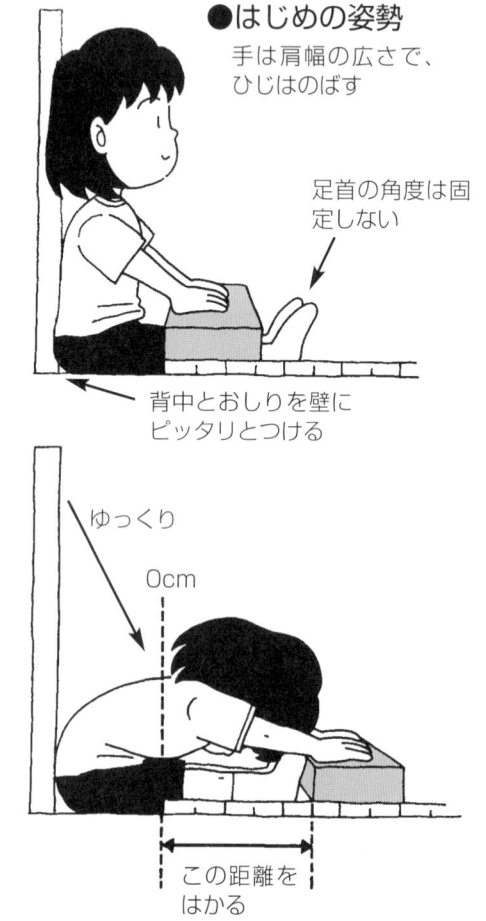

●はじめの姿勢
手は肩幅の広さで、ひじはのばす
足首の角度は固定しない
背中とおしりを壁にピッタリとつける
ゆっくり
0cm
この距離をはかる

ここに注意！
・前屈姿勢をとったとき、ひざが曲がってはいけないよ！
・箱がまっすぐ前方に移動するようにしよう！

◎記録アップのコツ◎
息を大きく、ゆっくりと吸い込んで、「ハーッ」とゆっくり吐きながら箱を押すようにしよう！

CHAPTER 3

てつぼうをマスター

　その昔、木の枝への乗り方を色々と工夫して競ったのがてつぼうの始まりです。てつぼうには、上がる、まわる、降りるなどのひと続きの動作があります。まずは、たくさんてつぼうにさわって、てつぼうに慣れ、まわったりするのは「怖くない！ 楽しい！」と思えるようになることがとても大事です。
　ここでは、逆上がりからステップアップしていき、前方支持回転と後方支持回転のコツや練習方法を紹介します。しっかりと練習し、きれいな技をマスターしましょう。大事なことは、しっかりと目標を持ち、最後まであきらめずに努力することです。

てつぼう①
レッスン **12**

逆上がり①

逆上がりの基本姿勢、キックの練習をしましょう。キックの方向はとても大事なのでしっかり練習しましょう。

ステップ1　構えの姿勢をマスターする

■ 足の位置
てつぼうの真下に線を引き、その線をまたぐようにする。

■ 体の位置
てつぼうにできるだけ近づく。

ポイント
てつぼうから遠いと、足をキックする方向がバラバラになってしまうので注意。

ステップ2　足のふり上げをマスターする

■ チョキにした足のうしろ足を、ボールをキックするようにふり上げる

ふり上げる方向は、自分の後頭部をキックするイメージ。または、サッカーのオーバーヘッドキックをするイメージでうしろ足（1の足）をふり上げよう。

ポイント
ふり上げる足が強ければ強いほど勢いがつくのでよい。

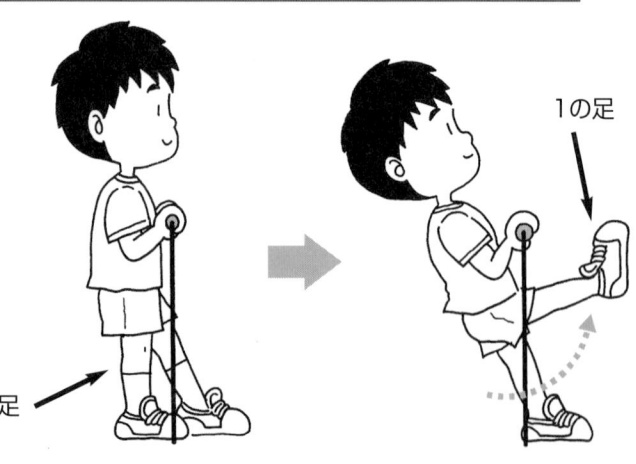

1の足

ここが大事!

ふり上げる足が前にキックしてしまうと、てつぼうからおなかが遠くなるので注意しよう。
必ず自分の後頭部をキックするイメージを持って足をふり上げよう。

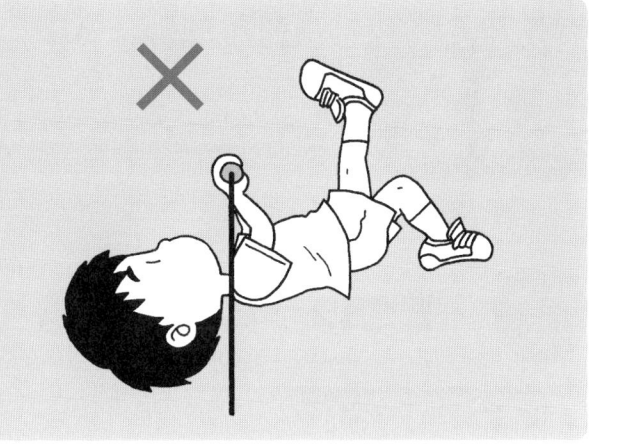

ステップ 3 けり足をマスターする

けり足の動き

チョキにした前の足(2の足)を、ふり上げた足(1の足)に合わせるようにキックする。
このときに、上体もうしろに倒そう。

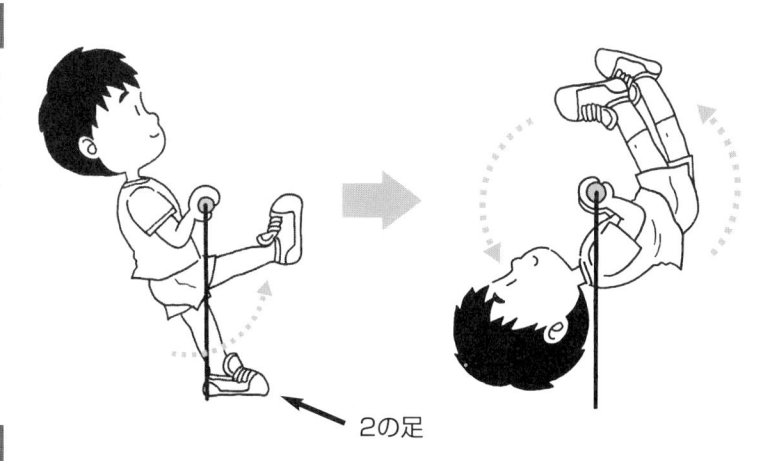

2の足

けり足のリズム

「1、2」のリズムで、ふり上げた足(1の足)をキックしたら、すぐにけり足(2の足)をキックする。

いちっ

にっ

ポイント

けり足(2の足)が遅れてしまうと、空中で足がチョキになる時間が長くなってしまうので注意しよう。

てつぼう②
レッスン 13
逆上がり②

キックができるようになったら、手首を返しててつぼうに上がります。最後のうで支持姿勢まで気を抜かずに練習しましょう。

ステップ 4　てつぼうにおなかをつける

てつぼうをおなかのほうに引きつけながらキックする

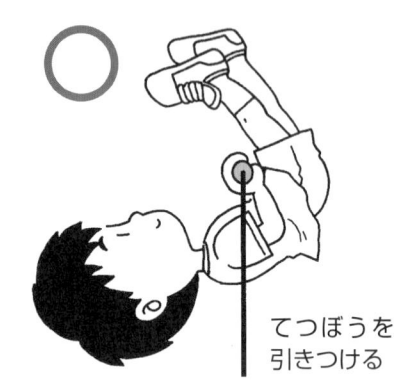

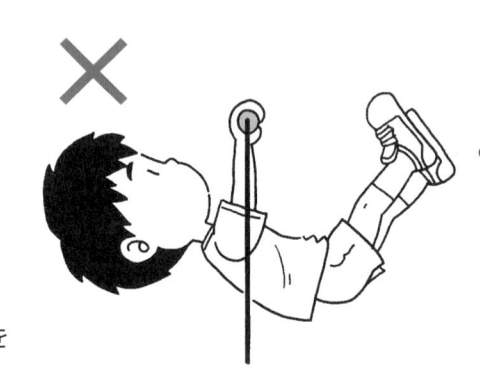

○

×

てつぼうを引きつける

ポイント
ここでてつぼうを引きつけられないと、おしりが落ちた状態でキックしてしまうので注意しよう。

ステップ 5　てつぼうに上がる

ふとんを干しているような状態から上体を起こす

しっかり手首を返しててつぼうを押し、おへそを見たまま起き上がれるようにしよう。

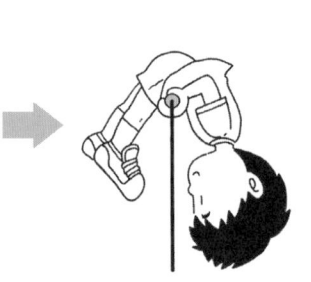

ここが大事!

手首の返し方をマスターしよう！

手首をうまく返せないと起き上がれないので注意しよう。

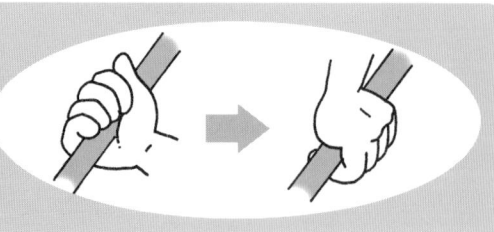

ステップ6 うで支持姿勢をマスターする

うで支持姿勢

てつぼうに上がったら、止まってきれいなうで支持姿勢（ツバメの姿勢）になれるようにしよう。

てつぼうに上がった勢いのまま下に降りてしまったり、うでが曲がったりしないように注意しよう。

すぐ下に降りてはダメ　　　うでが曲がってはダメ

ここが大事!

逆上がりは順手で

逆上がりをやるとき、逆手でやる子どももいるが、順手でできるように練習しよう！
なぜなら、逆手で逆上がりが成功しても、つぎの技ができなくなってしまうからだ。

CHAPTER 3 ● てつぼうをマスター

てつぼう③ レッスン14 前方支持回転①

前方支持回転で一番大事なのは回転力です。基本姿勢から、スピードを落とさずに速い回転をめざすよう練習しましょう。

ステップ1 構えの姿勢をマスターする

ひじをのばしてきれいなうで支持姿勢になる

目線はまっすぐ前を見る。
ねこ背にならず、胸を張る。

姿勢が悪いと上体を倒すときに勢いがつかないので注意しよう。

○

× 下を見てはダメ

× うでが曲がっていてはダメ

× ねこ背はダメ

ステップ2 上体を前に倒す

おなかと太ももでてつぼうをはさみながら一気に前に倒す

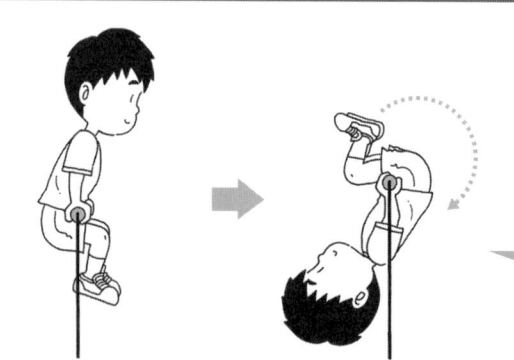

ポイント
このときに目線は最後まで前を見よう。

足や上体だけが先に回転しないよう、てつぼうをはさみながら前に倒れよう。

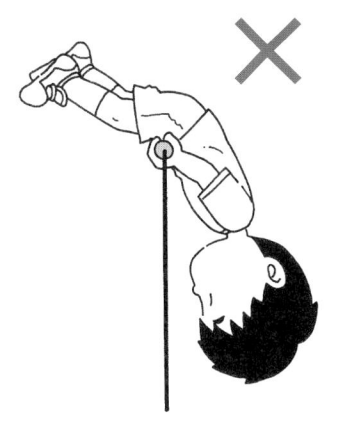

体がのびてしまってはダメ。しっかりてつぼうをはさむ。

おなかだけではさんではダメ。太ももでもしっかりはさむ。

ステップ3 回転する

回転スピードを落とさないようにひざやアゴの引きを使って回転する

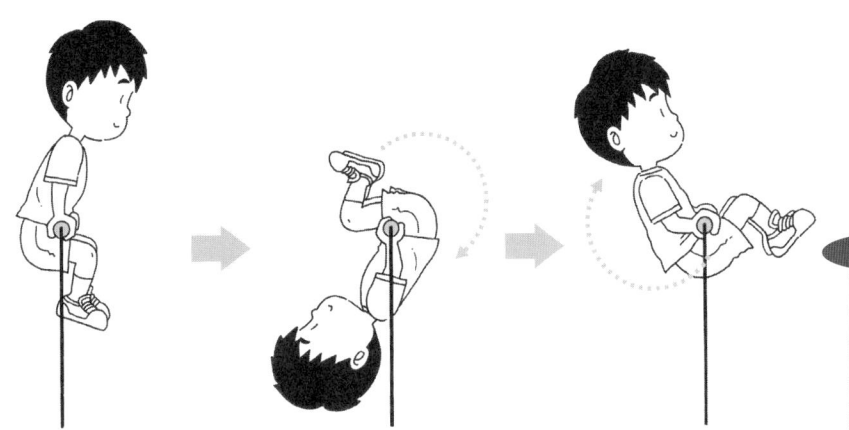

ポイント

ひざやアゴの引きを使うとき、それぞれの動きがバラバラにならないように注意しよう。

手首の返しをマスターするための練習方法

てつぼうをにぎりながらしゃがみ、そこからジャンプしてうで支持姿勢になる。
このときに自然と手首を返しているので、その手首の返し方をマスターしよう。

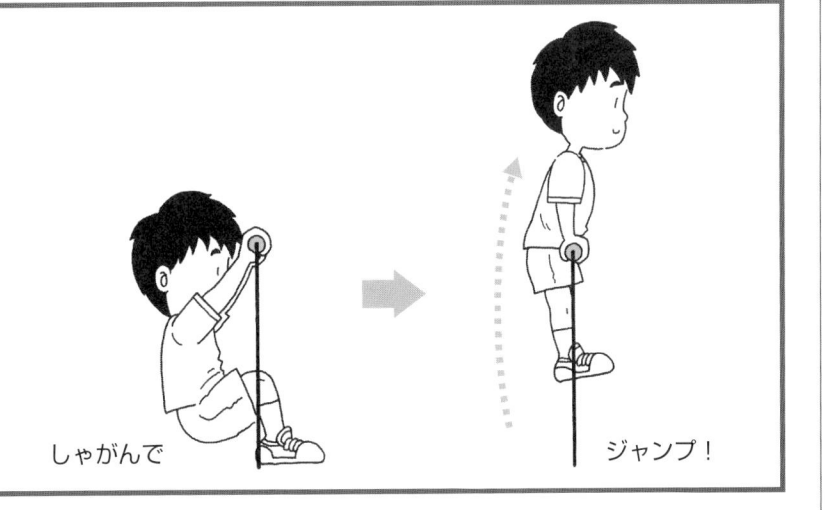

しゃがんで

ジャンプ！

CHAPTER 3 ● てつぼうをマスター

前方支持回転②

てつぼう④ レッスン 15

速い回転ができるようになったらてつぼうに上がります。ここでのポイントは手首の返しです。しっかり練習しましょう。

ステップ4 上体を起こす

回転のスピードと手首の返しを使って上体を起こす

○

ポイント
・回転のスピードを落とさないようにするには、前まわり降りを速くやるようにしよう。
・おなかが離れないように引きつけながらやろう。

×

ポイント
回転にスピードがない場合や、てつぼうを引きつけない場合は、おなかが離れてしまうよ。

ステップ5 てつぼうに上がる

てつぼうを押すようにしててつぼうに上がる

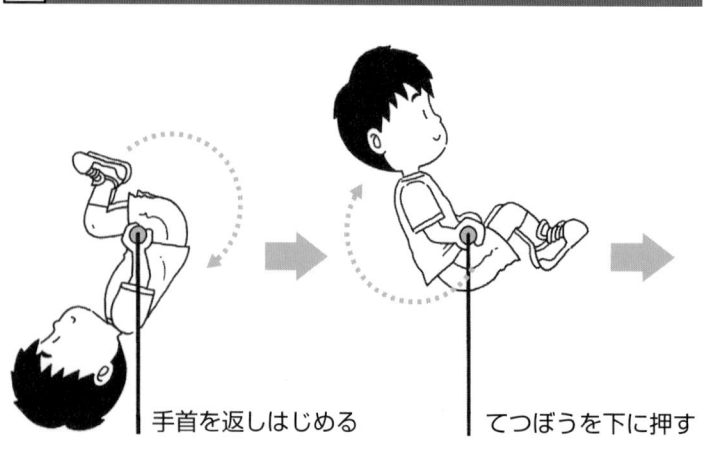

手首を返しはじめる → てつぼうを下に押す → 足をうしろに引く

ポイント
うでが曲がってからてつぼうに上がらないようにしよう。
力づくでてつぼうに上がらないように。

ステップ 6 うで支持姿勢になれる

フィニッシュの姿勢

てつぼうに上がったあと、すぐにうで支持姿勢になる。

ポイント
うでが曲がったりしないように、きれいなうで支持（ツバメの姿勢）になれるように注意しよう。

うでを曲げたり、ねこ背になったりしない。

うでが曲がっていてはダメ

ねこ背になっていてはダメ

ここが大事！

フィニッシュの基本はうで支持姿勢

てつぼうでは、最後にしっかりとしたうで支持姿勢になることが基本。これは技をきれいに見せるためにとても重要なことでもあるよ。
前方支持回転では、上達するにつれて回転のスピードが速くなり、うで支持で止まれず前に行ってしまうことがあるので、しっかり止まり、美しいうで支持姿勢になれるようにしよう。

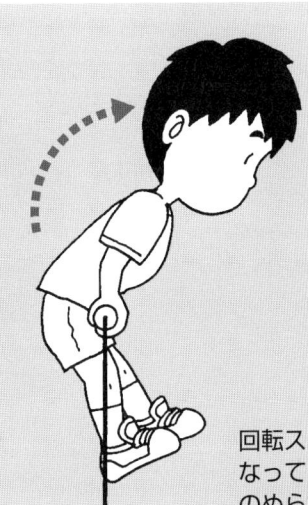

回転スピードが速くなっても、前につんのめらないように

CHAPTER 3 ● てつぼうをマスター

てつぼう⑤ レッスン16　後方支持回転①

スイングでしっかりと勢いをつけることが大事です。怖がらず、てつぼうからおなかを離せるようにたくさん練習しましょう。

ステップ1　構えの姿勢をマスターする

ひじをのばしてきれいなうで支持姿勢になる

目線はまっすぐ前を見る。
ねこ背にならず、胸を張る。

ツバメの姿勢になれないと、つぎのスイングができないので注意しよう。

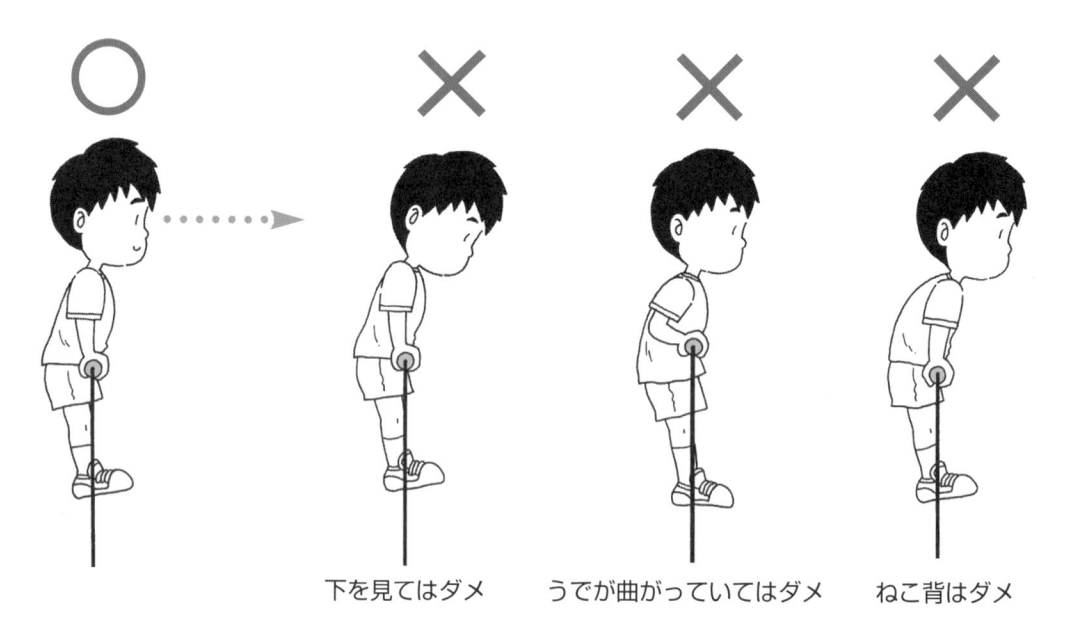

○　　×　　×　　×

下を見てはダメ　　うでが曲がっていてはダメ　　ねこ背はダメ

あそびながらうで支持スイングをマスター！

大きなスイングをするために、てつぼうのうしろにスイングをしてからとんでみよう。てつぼうのうしろに線を引き、どこまでいけるか友だちと競争してみよう。

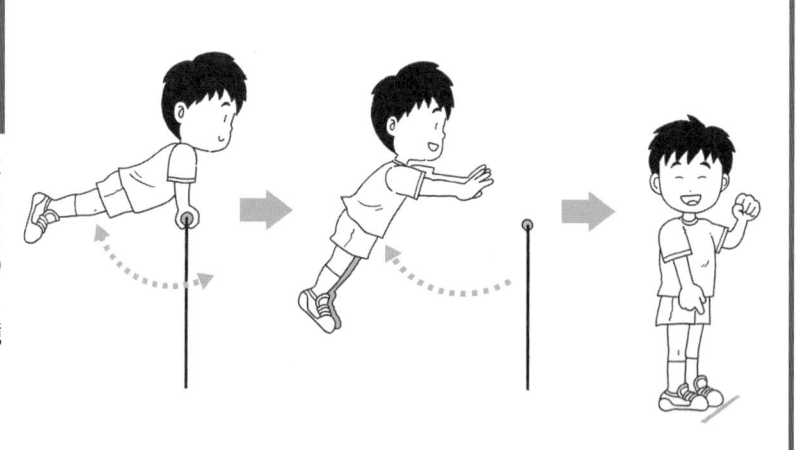

ステップ2 うで支持スイングをマスターする

ひじをのばしたまま足をふる

最初は小さくふってみよう。
ひじを曲げないように力を入れよう。
足が戻ってきたときもひじの力を抜かないように。

ポイント
ひじを曲げてしまうとスイングの勢いがなくなってしまうので注意。

足を閉じてふる

のばした足はしっかり閉じる。
足を開かずにふるようにする。

足が開いてしまってはダメ

大きくふる

慣れてきたら少しずつ大きく、おなかを離すように足をふれるようにする。

怖がらずに思い切って足をスイングさせよう

おなかがくっついていると大きくふれないよ

CHAPTER 3 ● てつぼうをマスター

てつぼう⑥ レッスン17 後方支持回転②

怖がらずにうしろにまわりましょう。てつぼうをおなかに引きつけておかないとまわれないので、しっかり引きつけましょう。

ステップ3 肩をうしろに倒す

タイミング

スイングをした足が前にいったのと同時に肩をうしろに倒す。
てつぼうは、おなかから離れないように引きつけておく。

ポイント
アゴが上がらないように目線はおなか。

マットの上で練習

うまくうしろに倒れるコツは、マットでの後転のイメージと同じ。
地面にすわり、棒を持ってうしろにまわってみよう。

ここが大事！

てつぼうをおなかのほうに引きつけておかないと、ステップ4の「うしろにまわる」動作にうつれないよ。
しっかりとおなかに引きつけるよう注意しよう。

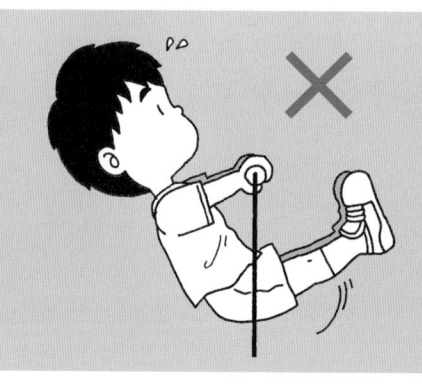

ステップ4 うしろにまわる

スイングの勢いを使って一気にまわる

足を一気に前方にふり上げる

うでと足はのばしたまま

手首を返してまわる

足が曲がってしまう場合

最初のうちは足が曲がっていてもOK！
練習しながらのばすためのコツをつかもう。

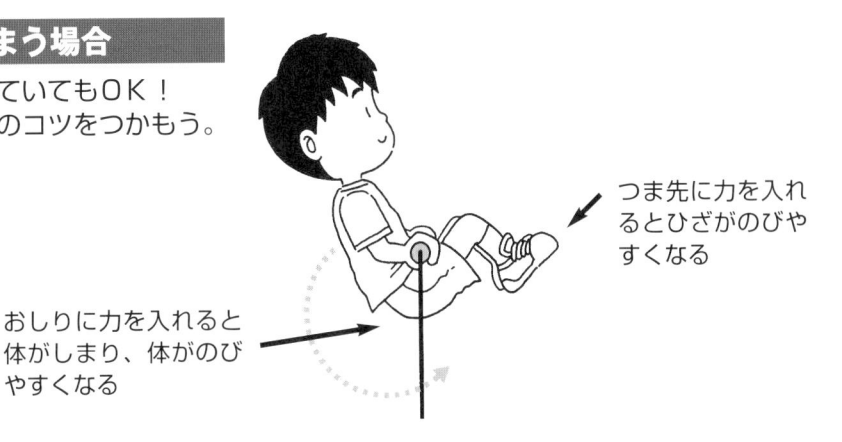

つま先に力を入れるとひざがのびやすくなる

おしりに力を入れると体がしまり、体がのびやすくなる

ステップ5 フィニッシュの姿勢

うで支持姿勢

てつぼうに上がったら、勢いのまま下に降りず、止まってきれいなうで支持姿勢（ツバメの姿勢）になる。

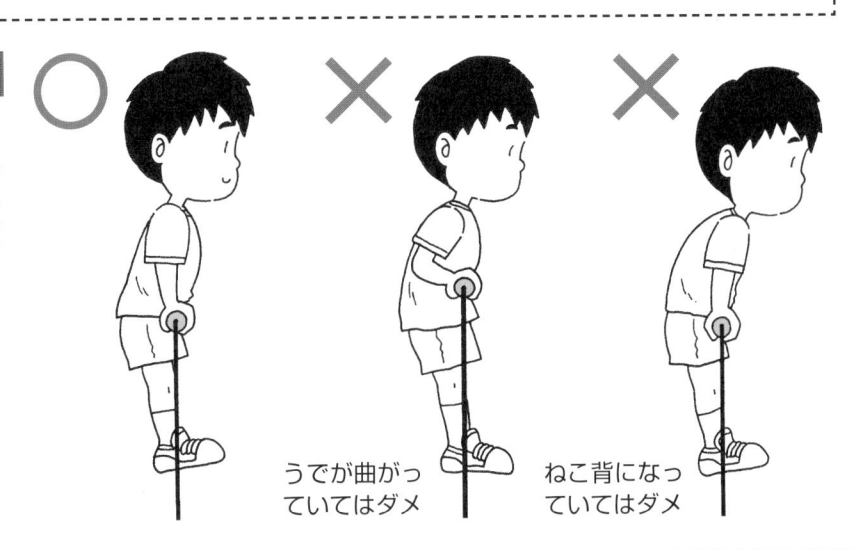

○

×　うでが曲がっていてはダメ

×　ねこ背になっていてはダメ

CHAPTER 3 ● てつぼうをマスター

新体力テスト③ 反復横とびをマスター

反復横とびは、体をすばやく動かす能力（敏捷性）をはかるためのテストです。敏捷性は、とっさのときにケガや事故から身を守ったりするのに必要な能力でもあります。反復横とびは、広い場所も必要ないし、特別な道具もいらないので、外あそびに取り入れて、ふだんから敏捷性をきたえてみてはどうでしょう。

【用意するもの】
ストップウォッチ
（または秒針つきの時計）

【やり方】
図のように、床（地面）の上に3本のラインを引きます。
中央のラインをまたいで立ち、「はじめ！」の合図で右側のラインを、越すか、ふむまでサイドステップし、すぐに中央ラインに戻って、今度は左側のラインを、越すか、ふむまでサイドステップします。
これを20秒間くり返し、それぞれのラインを通過するごとに与えられる点数（1点）の合計点を記録します。

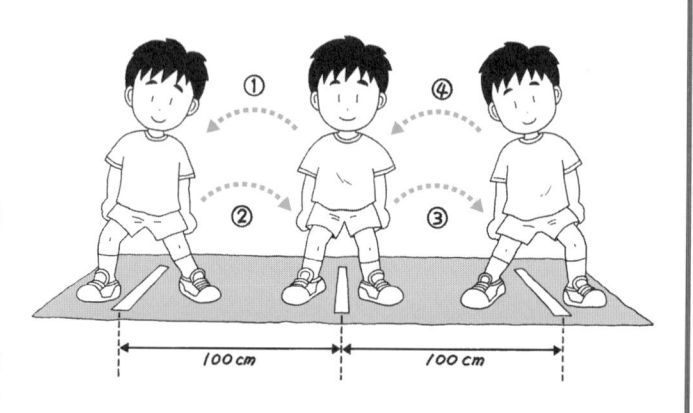

ここに注意！
外側のラインをふまなかったり、越えなかったりした場合、中央のラインをまたがなかった場合は1点にならないので注意しよう。

◎記録アップのコツ◎

移動するときに高くジャンプしてしまうと時間がかかってしまうよ。
外側のラインに来たときに、体の重心が外側にいかないよう、内側に傾けて、すばやくつぎのステップにうつろう。

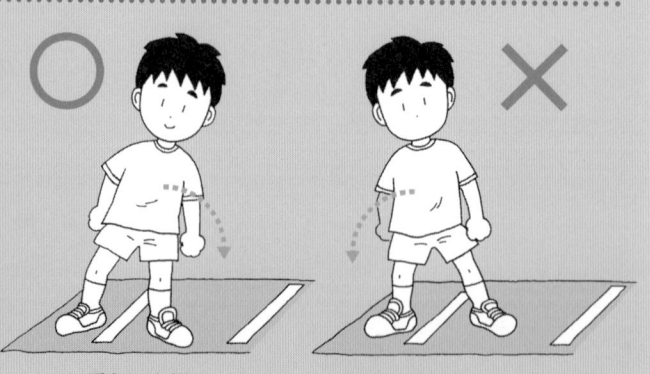

○ 重心は内側に
× 外側に重心がかかってはダメ

CHAPTER 4 マット運動をマスター

　転がったり、ジャンプしたり、宙返りしたりするマット運動には、筋力や柔軟性、平衡性、協応性、筋持久力など、さまざまな運動能力が必要とされます。これらは、大きな動きに対応するために必要とされる能力です。マット運動は、「怖くない！ 楽しい！」と感じることができなければ、マスターすることは難しいでしょう。勇気をもって挑戦していくことがとても大切です。
　ここでは、マット運動の初歩、前転から側転までをステップアップしながら紹介しています。しっかりと練習し、きれいな前転、後転、倒立前転、側転をマスターしましょう。

マット① レッスン 18

前転①

まずは最初の姿勢で、自分のおへそを見るようにして、頭のうしろをつけて回転してみましょう。頭のてっぺんがついてはいけません。

ステップ1 手をつく

■ 手の位置

両手の幅を肩幅にしてまっすぐにつく。
指はパーにする。

○

×
ついた両手が外側を向いていてはダメ

×
ついた両手が内側に向いていてはダメ

■ 構えの姿勢

位置に気をつけて両手をつき、おしりを上げる。
目線はおなかを見るようにアゴを引く。

○
目線はおなか。しっかりとアゴを引く

×
頭が上がっていてはダメ

ステップ2 体を丸くして、頭をつく

頭のうしろを最初につける

ボールが転がるイメージで体を丸くし、頭のうしろが最初につくようにする。

○

ポイント
目線はおなか

×

頭のてっぺんがついてはダメ

ステップ3 回転する

頭のうしろ→背中→腰→おしりの順番に体がつくように回転する

ポイント
目線はずっとおなかを見て、まっすぐにまわろう。

回転している最中に手が離れると、体がのびて起き上がれなくなる。

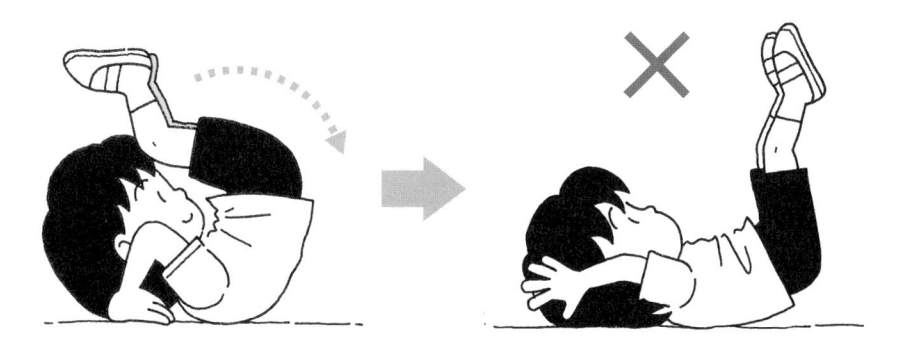

×

CHAPTER 4 ● マット運動をマスター

マット②
レッスン 19

前転②

回転できたら手をつかずに起き上がります。足が開き、曲がって回転するとかっこう悪いので、きれいな前転を心がけましょう。

ステップ4 足を引きつける

□ かかとをおしりに引きつける

回転しているときに、かかとをおしりに引きつけるようにして足を引きつける。

○

× かかとがおしりから離れてしまってはダメ

ポイント
足を引きつけておかないと体がのびてしまうので注意しよう。

ステップ5 起き上がる

□ おなかに力を入れ、前を見て起き上がる

ここが大事!

起き上がるときに手がつかないようにすること

ステップ 6 　前転の応用編にチャレンジ

☐ 開脚前転

起き上がりのときに、足を開き、手でマットを押して起き上がる。

☐ 伸膝(しんしつ)前転

ひざを曲げずに、回転の勢いと起き上がるときの手の押しで起き上がる。

CHAPTER 4 ● マット運動をマスター

マット③
レッスン 20

後転①

最初の姿勢を保ったまま、うしろに倒れることが大事です。怖がらずにうしろに倒れ、手をしっかりつく練習をしましょう。

ステップ1 構えの姿勢をマスターする

アゴを引き、しゃがむ

マットにうしろ向きになり、しっかりとアゴを引いてしゃがむ。

両手を上げる

両手を耳の横まで上げ、手のひらが天井を向くようにして構える。

ポイント
目線はしっかりおなかを見ること。

○　×

アゴが上がっていてはダメ

ここが大事！

アゴが上がってしまうと危険！

アゴが上がってしまうと、体を倒したときに頭からついてしまい危険なので注意しよう。

ステップ2 体を倒す

まっすぐうしろに体を倒す

ボールが転がるイメージを持って体を丸くし、おしり→背中→肩→手→頭の順番にマットにつくよう、まっすぐうしろに体を倒す。

両手でしっかり頭をはさむ

手やひじが開かないように、両手でしっかり頭をはさむようにする。

ひじが開いてはダメ

ここが大事!

まっすぐにうしろに倒れること!

まっすぐうしろに倒れられないと回転できないので注意しよう。

CHAPTER 4 ● マット運動をマスター

マット④
レッスン 21

後転②

マットを押して、足の裏で着地できるように練習しましょう。起き上がるときにマットを押さないと、首を痛める原因になります。

ステップ3 回転する

手でマットを押してまわる

体を倒し、手がついたらマットを押して、手やひじが開かないように気をつけながらうしろに回転する。はじめの姿勢のまま、うしろにまっすぐ倒れることができれば、手をついたときにマットを押すだけでうまく回転できる。

ポイント
足がのびないように体を丸くしたまま回転する。

ポイント
手のひらがしっかりマットにつくように、最初の姿勢のまま倒れられるように。

ポイント
ここでマットを押す。

ポイント
ひじが開かないように注意。

ここが大事！

体をのばさないようにしよう！

回転しているときに体がのびてしまうと、回転できないよ。
ひざを顔のほうに引きつけるようにして、体をのばさないように気をつけよう。

ステップ 4 立つ

きれいに足の裏で立つ

正座した状態で最後にならないよう、しっかりとマットを押す。

しっかりとマットを押さないと、正座した状態になってしまう

完成型

ステップ 5 後転の応用編にチャレンジ

開脚後転

うしろにまわり、手をついたら足を開き、マットを押して着地し、起き上がる。

CHAPTER 4 ● マット運動をマスター

マット⑤ レッスン22 倒立前転①

足のふり上げが大事です。怖がらず、うでに力を入れて思い切りやってみましょう。はじめは壁に向かって練習するといいでしょう。

ステップ1 最初の姿勢

手をつく

バンザイの状態で、手のひらは天井に向ける。
うでをのばした状態で、正しくマットに手をつく。

ポイント
手は肩幅に広がるように。

ポイント
マットに手がついたときにうでがまっすぐになるようにしよう。

ステップ2 足をふり上げる

手をつき、足のふり上げに入る

目線は手と手の間を見るようにする。

○　　　　　　　　×

目線が前になってしまうとふり上げが弱くなるので注意しよう。

ふり上げ足を思い切って上げる

ふり上げ足が上まで上がらないと倒立までならないので、思い切りふり上げよう。

ステップ 3　倒立をする

もう片方の足をそろえて倒立姿勢になる

このときも目線は手と手の間を見る。
2～3秒止まれるような倒立をめざそう。

ここが大事!

体が一直線になるように体全体をしめる

○　×　×

おなかが出たり、おしりが出たりしないように体をしめ、手と手の間を見てバランスをとろう。

CHAPTER 4 ● マット運動をマスター

マット⑥
レッスン
23

倒立前転②

倒立ができたら前転をします。うでを曲げるタイミングをしっかりつかみ、頭のうしろからつくように前転の練習をしましょう。

ステップ4　うでを曲げる

■ 倒れる前にうでを曲げる

倒立から倒れるように、少しだけ前へ体重移動する。
倒れる前にうでを曲げ、同時にアゴも引く。

○

×

ポイント
アゴを引かないと、前転に入るときに頭のてっぺんからついてしまうので注意しよう。

ステップ5　前転をする

■ 頭のうしろ→背中→腰の順番につくようにまわる

回転しはじめたら体を丸め、まっすぐにまわる。

ステップ6 立つ

手をつかずに立つ

前転がまっすぐにできていないと立てないので注意しよう。

手をつかずに起き上がる

完成型

ここが大事！

しっかりとうでを曲げること

うでを曲げ、体を丸めて回転に入らないと、背中からついてしまって危険！
しっかりうでを曲げ、頭のうしろからつくようにしよう。

CHAPTER 4 ● マット運動をマスター

マット⑦ レッスン24 側転①

体を横に向けて手をつくことが大事です。まっすぐ手をついても側転はできません。体を横に向けて手をつくように練習しましょう。

ステップ1 姿勢

■ バンザイの状態で手のひらを天井に向ける

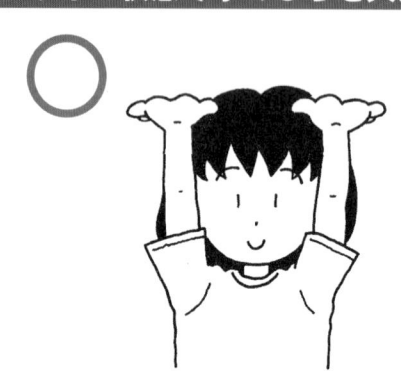

○ ×

ひじが曲がっていてはダメ

ステップ2 手をつく

■ 上げやすい足を上げる

上げやすい足を上げ、側転に入る勢いをつけよう。

■ 上げた足と同じ側の手をつく

右足なら右手から、左足なら左手からつくようにする。
手をつくときに体を横にする。
目線は手と手の間を見るようにする。

ポイント
まずは体を横にしながら手をつく練習をいっぱいしよう。

ステップ3 足をふり上げ、足を開く

ふり上げ足を思い切って上げたら足を開く

ひざが曲がらないように足を開こう。

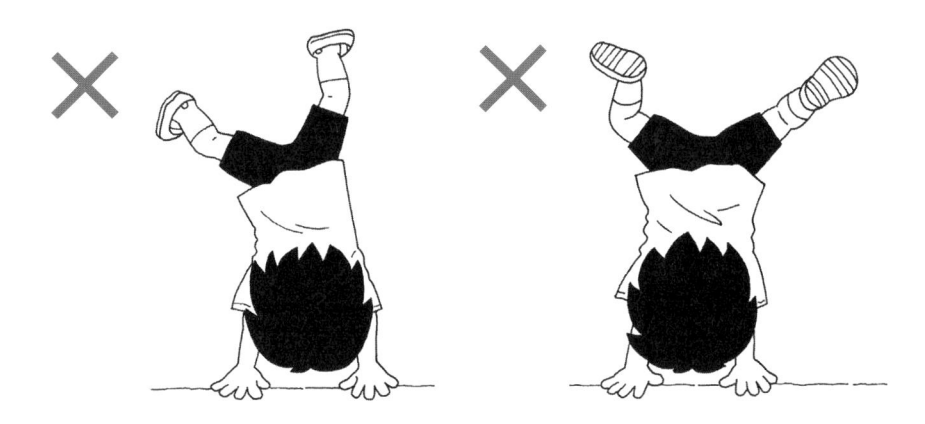

ここが大事!

ふり上げ足はしっかり上まで上げること

ふり上げ足が上まで上がらないとななめになってしまうので注意しよう。

CHAPTER 4 ● マット運動をマスター

マット⑧ レッスン 25 側転②

ひざをのばして足を開きます。ふり上げ足を思いっ切り上げると、足が上まで上がります。ひざが曲がらないように注意しましょう。

ステップ4 足・腰をのばして横にまわる

■ 足先に力を入れ、足、腰をのばしたまま横にまわる

ポイント
速く横にまわれるように、ふり上げ足を速く上げる。

応用練習 壁を使ってまっすぐ横にまわる練習

■ 壁の近くで練習

最初に右足を上げる場合、左側に壁があるように立つ（左足を上げる場合は右側に壁）。
足が真上まで上がるように足をふり上げ、開脚したところで止まる。

左足を上げる場合の立ち位置

おなかが壁にくるように、開脚したところで止まる

壁から少し離れて練習

まっすぐ開脚しないと壁に当たってしまうので、ななめになってしまう場合は少し離れてやってみよう。
開脚して止まったら、ひざが曲がっているか確認する。

ステップ5 立つ

手でマットを押しながら足を引きつける

最初に右足を上げる場合、右手→左手→左足→右足の順番につくように側転をする（最初に左足の場合は、左手→右手→右足→左足）。
足がついたときに手でマットを押しつつ、左足が最初についたら右足を左足のほうへ引きつけよう。

ポイント
ここで足を引きつけよう。

完成型

よりきれいでまっすぐな側転をするために、線の上で側転をやってみよう。
両手・両足が線からはみ出さず、ひじ・ひざが曲がらなければ完璧な側転だ！

CHAPTER 4 ● マット運動をマスター

新体力テスト ④ 20mシャトルランをマスター

20mシャトルラン（往復持久走）は、全身で運動を続ける能力（全身持久力）をはかるためのテストです。全身持久力をつけておかないと、少しの運動でもすぐにばててしまう体になってしまいます。ふだんから外あそびやジョギングなどで体力づくりをしておきましょう。

【用意するもの】
テスト用CD（またはテープ）と再生用プレイヤー、図のような2本の平行線とポール4本

【やり方】
一方のラインの上に立ち、テスト開始を告げる5秒間のカウントダウンのあとの電子音で、20m先のラインに向かってスタートします。電子音は一定の間隔で1音ずつ鳴ります。つぎの電子音が鳴るまでに、20m先のライン上に行き、足がラインを越えるか、ラインにふれたら向きを変えます。
電子音が鳴ったらまたスタートし、つぎの電子音が鳴るまでに元のラインに戻って向きを変えます。
この動作をくり返しますが、CD（またはテープ）で設定された速度は、1分ごとに速くなるので、ついていけず、走るのをやめたとき、または2回続けてどちらかの足でラインに触れることができなくなったときに終わります。

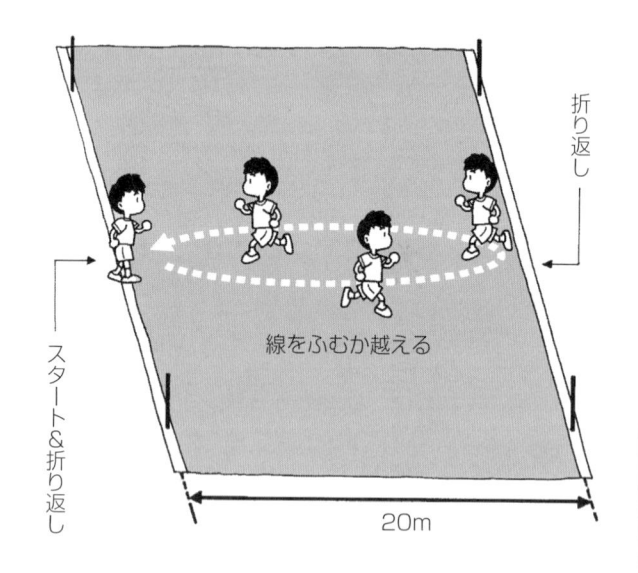

ここに注意！
- 走るスピードには十分に気をつけ、電子音が鳴るときには必ずどちらかのライン上にいるようにしよう。
- テスト前には柔軟運動で十分にウォーミングアップし、テストが終わったらゆっくりと整理体操をしよう。

◎記録アップのコツ◎
電子音の間隔が短くなってきたら、折り返しのときは力を抜かず、折り返してすぐにうでを力強くふって足の回転を上げよう。

CHAPTER 5
とびばこをマスター

　とびばこは木馬を使った乗馬訓練から始まりました。うでの支持力を利用して、どれだけ高くとべるかを競う器械体操の種目です。
　とびばこの基本は「強いふみ切り」です。強いふみ切りをたくさん練習しましょう。とびばこが怖いという子どもには、かたい木のかたまりにぶつかったら痛そう、という不安があります。まずはやわらかいマットなどを使って慣れていくのもいいでしょう。
　ここでは、開脚とび、台上前転、閉脚とびの練習方法とコツを紹介しています。しっかりと練習し、きれいな開脚とび、台上前転、閉脚とびをマスターしましょう。

とびばこ①
レッスン **26**

開脚とび①

とびばこでは、とにかく「強いふみ切り」がとても大事です。ふみ切りができたら、前方（遠く）に手をつく練習をしましょう。

ステップ 1　ふみ切り

☐ **スピードのある助走をする**　〇

☐ **両足をそろえてロイター板を強くふみ切る**　〇

ポイント
足をグーにしてふみ切る。

×　助走が遅いとダメ

×　ふみ切りの足がチョキになってはダメ

強くふみ切るための練習方法 Part 1

ロイター板の前に台頭を置き、とび越える練習をしよう。
はじめはひざを曲げてとび越えてもOK。
だんだんと勢いをつけ、ひざを曲げなくてもとび越えられるように強くふみ切ろう。

ステップ2 着手

■ 顔を起こしてとびばこの前方に手をつく

○

×

手前に着手するととび越せなくなり、おしりがついてしまうので注意しよう。

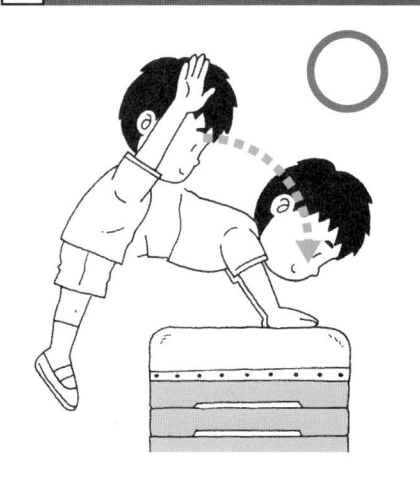

■ 上から手をつく

○

×

下から手を出してしまうとすべってしまうことがあるので注意しよう。

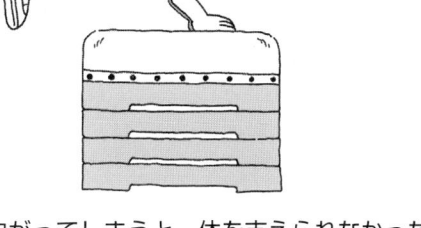

■ 手をついたら体を支える

○

×

ひじが曲がってしまうと、体を支えられなかったときに顔から前に突っ込んでしまうので注意しよう。

CHAPTER 5 ● **とびばこをマスター**

とびばこ②
レッスン
27

開脚とび②

とびばこをうしろに押すようにして突き放せるよう練習しましょう。
着地までは絶対に気を抜かないように気をつけましょう。

ステップ3　開脚する

■ 手をつくと同時に開脚する

足をまっすぐに開けるようにつま先に力を入れる。

○

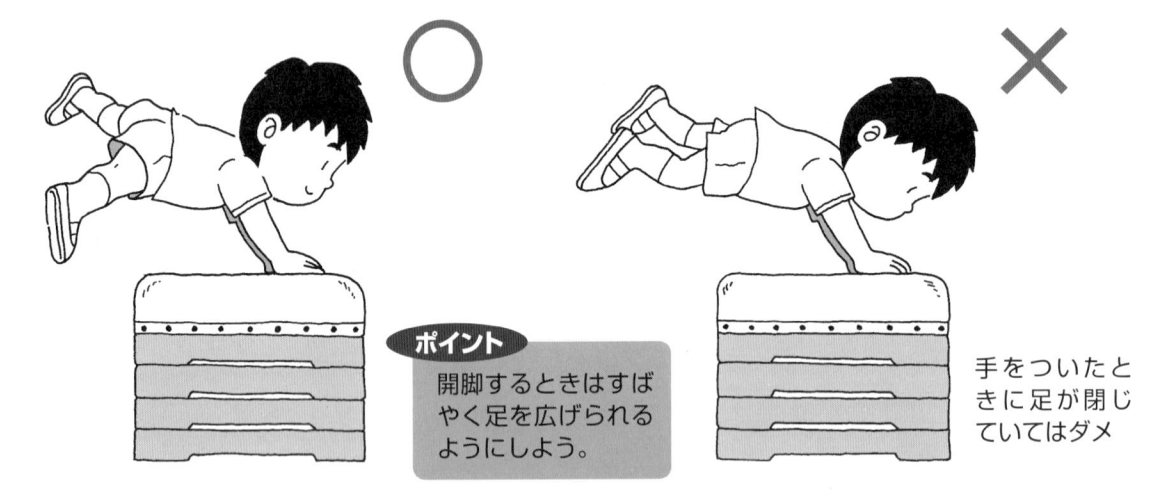

×

ポイント
開脚するときはすばやく足を広げられるようにしよう。

手をついたときに足が閉じていてはダメ

ステップ4　とびばこをうしろに押し、突き放す

■ 手をついたらとびばこをうしろに押し、突き放してとび越す

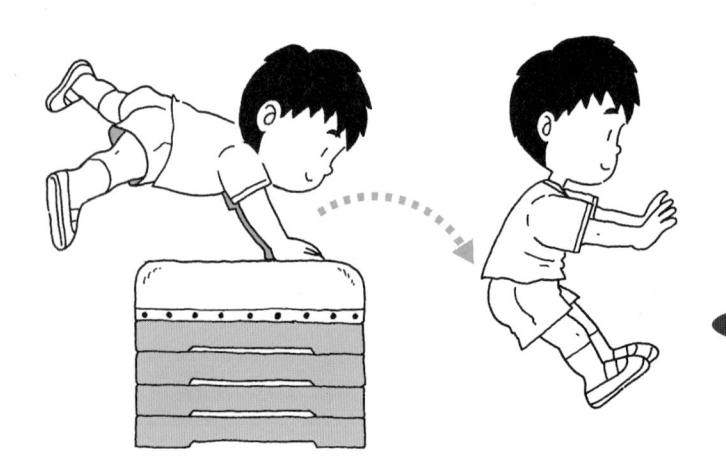

ポイント
突き放せないと、とび越すときに手がついたままになってしまうので注意しよう。

ステップ5 着地

足を閉じて着地する

ひざを曲げてとんだ勢いを吸収するように着地する。

○

足をすぐに閉じないと、開脚したまま着地してしまうので注意しよう。

×

完成型

最初は低いとびばこからはじめ、できるようになってきたらだんだんと高くしよう。
高いとびばこのときは、助走をより速く、そしてふみ切ったらおしりを高く上げるようにしよう。

CHAPTER 5 ● とびばこをマスター

とびばこ③
レッスン 28

台上前転①

ここでもふみ切りが大事！　とびばこの基本です。開脚とびのときとは逆に、台上前転では手前に手をつくようにしましょう。

ステップ1　ふみ切り

■ スピードのある助走をする　　　　■ 両足をそろえてロイター板を強くふみ切る

○

○

ポイント
足をグーにしてふみ切る。

×　助走が遅いとダメ

×　ふみ切りの足がチョキになってはダメ

強くふみ切るための練習方法 Part 2

ロイター板から少し離してマットを置く。
マットの上に目印となる線を引いて、それ以上とべるようにふみ切ってみよう。

ステップ 2　着手

☐ 顔を起こしてとびばこの手前に手をつく

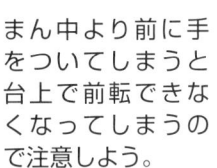

まん中より前に手をついてしまうと台上で前転できなくなってしまうので注意しよう。

☐ 上から手をつく

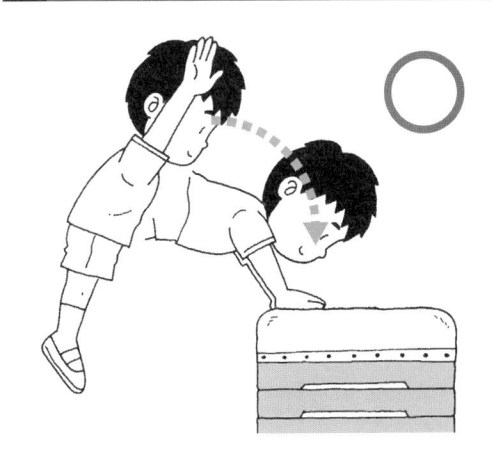

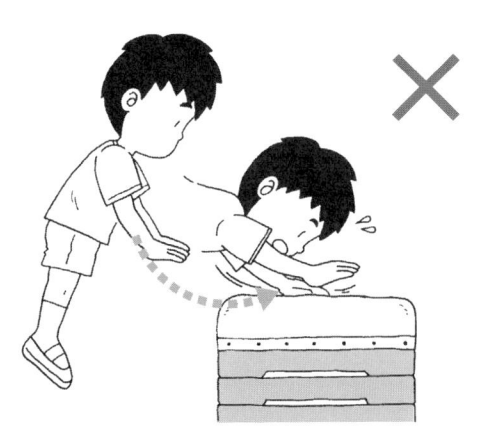

下から手を出してしまうとすべってしまうことがあるので注意しよう。

☐ 手をついたら体を支える

ポイント
ひじを曲げずに、おしりを高く上げるようにしよう。

おしりを高く上げて着手しないと、つぎの前転ができなくなり、前転をしようとすると頭から突っ込んでしまうので注意しよう。

CHAPTER 5 ● とびばこをマスター

とびばこ④ レッスン29 台上前転②

前転に入るときにおしりを高く上げられるよう、しっかり練習しましょう。まずは低いとびばこで練習するといいでしょう。

ステップ3 前転をする

■ おしりを高く上げ、前転をする

台上で体を丸くし、手→頭のうしろ→背中→腰→おしりの順番でとびばこに体がつくよう、まっすぐに前転をする。

ポイント　目線はおなかを見るように。

ふみ切りのときにおしりを高く上げないと、頭のうしろからつかず、頭のてっぺんからついてしまうので注意しよう。

まっすぐな前転ができないと台上から落ちてしまうので注意しよう。

ステップ4　着地

前転をしたら足をのばして着地する

着地のときにおしりから落ちないようにしっかり足をのばす。

足をしっかりのばさないと、しりもちをついてしまい危険。

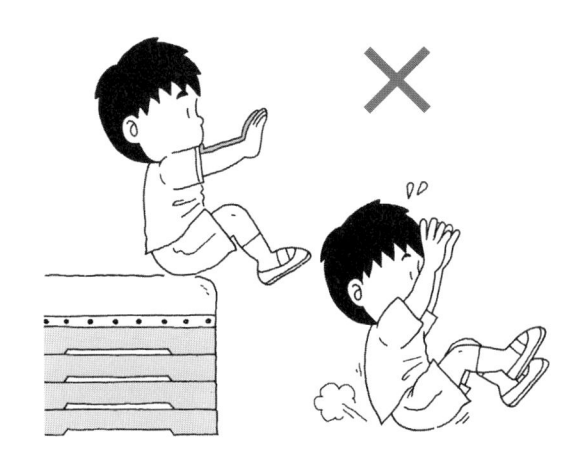

完成型

強いふみ切りができれば、高いとびばこでも台上前転ができるので高いとびばこで挑戦しよう。

CHAPTER 5 ● とびばこをマスター

とびばこ⑤ レッスン30 閉脚とび①

閉脚とびも、ふみ切りの勢いが強ければ強いほど、とびやすくなります。手は上からとびばこにつくようにしましょう。

ステップ1 ふみ切り

■ スピードのある助走をする　　■ 両足をそろえてロイター板を強くふみ切る

○

ポイント
足をグーにしてふみ切る。

×　助走が遅いとダメ

×　ふみ切りの足がチョキになってはダメ

ステップ2 着手

■ 腰は高い位置にし、上から手をつく

○

ポイント
ひじが曲がらないように注意しよう。

手をついたら体を支える

×　手をついたときに腰の位置が低いとダメ

ステップ3 両足を抱え込む

胸と太ももがつくくらい両足を抱え込む

○

×

しっかりと抱え込まないと足が抜けないので注意しよう。

しっかり抱え込むための練習方法

まずはその場ジャンプで両足を抱え込む練習をしよう。

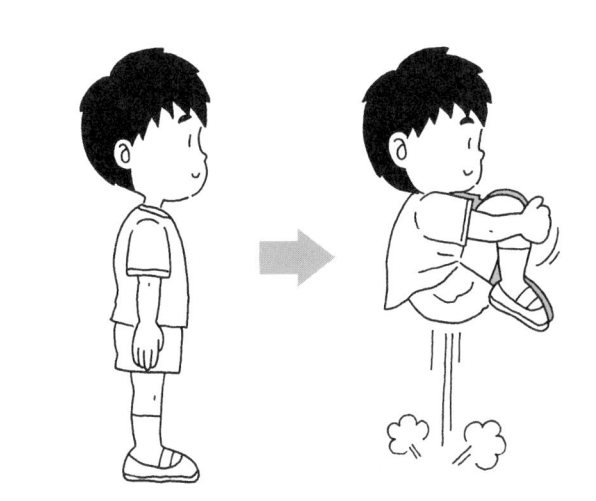

つぎに、とびばこに手をつき、連続で抱え込むジャンプをしよう。

CHAPTER 5 ● とびばこをマスター

とびばこ⑥
レッスン
31

閉脚とび②

胸と太ももがつくくらい抱え込むことが大事です。足を抜くときには、足がななめにならないように注意しながら練習しましょう。

ステップ4 足を抜く

■ 手でとびばこを突き放しながら足を抜く

ポイント
足をそろえてまっすぐに足を抜こう。

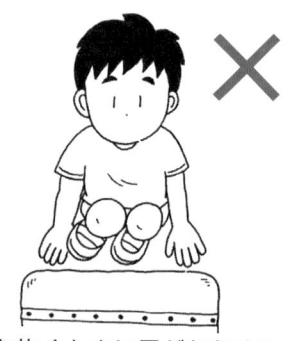

✕ 足を抜くときに足がななめにならないように注意しよう。

足抜きをマスターするための練習方法

閉脚とびで一番難しいのが足を抜くこと。
足がとびばこに当たってしまうのではないかと怖がってしまう子も多いはず。こんな練習で足抜きのコツをつかもう。

とびばこを2台使い、左右それぞれのとびばこに手をつけて、その間を閉脚とびでとんでみよう。

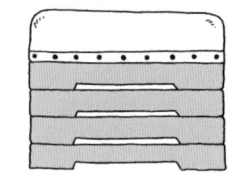

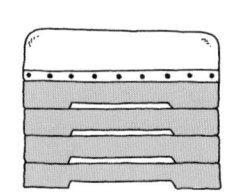

2台のとびばこの間を閉脚とびできるようになったら、こんどはとびばこの上に段差をつけ、その間を足抜きしてみよう。

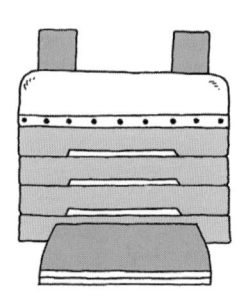

ステップ5 着地

ひざを曲げてとんだ勢いを吸収するように着地する

できるだけ遠くに着地できるようにする。

○

足を抱え込んだまま着地しないようにしよう。

×

完成型

CHAPTER 5 ● とびばこをマスター

新体力テスト⑤ 立ち幅とびをマスター

立ち幅とびは、とぶ能力をはかるためのテストです。とぶ能力は、たとえば、水たまりなどの目標物をとび越える、ジャンプしてあの枝に手が届くかな、など、ふだんのあそびや生活の中でもきたえることができます。あそび心を取り入れて、足腰をきたえましょう。

【用意するもの】
巻き尺、ふみ切り線、マット（屋内で行う場合）

【やり方】
両足を軽く開いて、つま先がふみ切り線の前端にそろうように立ち、両足で同時にふみ切って、前方にとびます。
体が砂場（またはマット）に触れた位置のうち、一番ふみ切り線に近い位置と、ふみ切り前の両足の中央の位置（ふみ切り線の前端）とを結ぶ直線の距離を、cm単位ではかります。

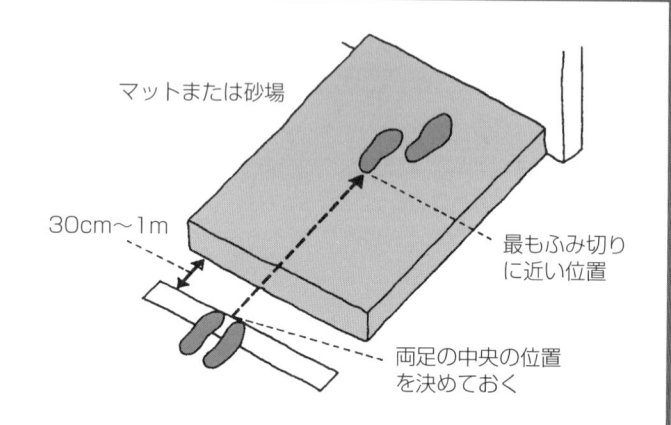

マットまたは砂場
30cm～1m
最もふみ切りに近い位置
両足の中央の位置を決めておく

ここに注意！
・砂場で行う場合は、ふみ切り線周辺と砂場の砂面をできるだけたいらに整えておく。
・屋内で行う場合は、着地のときにマットがずれないように、すべりにくいマットを使い、テープなどで固定しておく。

◎記録アップのコツ◎

うでで勢いをつけてとぶことが大事！
前にとぼうとすると低空飛行になるので、ななめ上にとび出すようにしよう。

① ② ③
ななめ上にとび出す

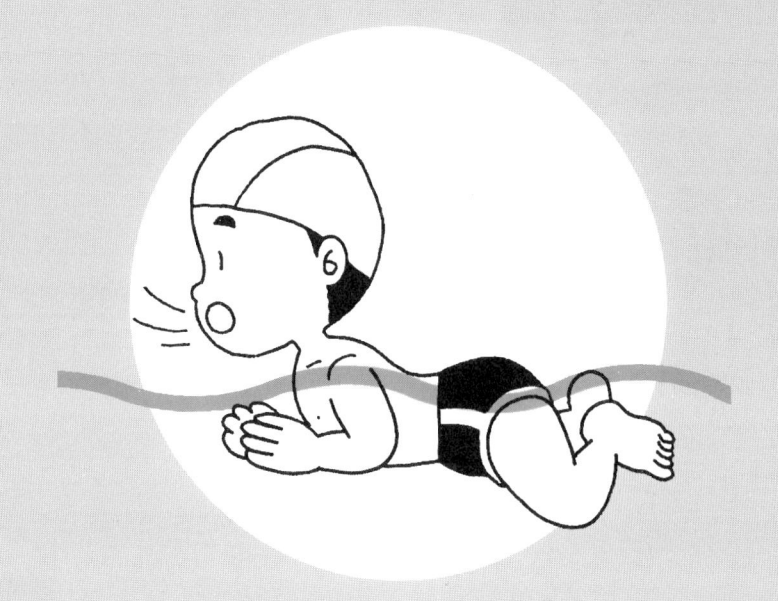

CHAPTER 6 泳ぎをマスター

　水の中で体が軽くなる感覚は、とても気持ちのいいものです。さらに、その中でスイスイと泳げるようになると、なおのことです。
　ここでは、水に慣れることからスタートし、クロール、平泳ぎ、背泳ぎ、バタフライの順に、それぞれの足の動き（キック）、うでの動き（ストローク）、息つぎ、完成型という流れで練習できるようになっています。どの泳ぎ方にも共通しているのは、体のラインをまっすぐにして、うでと足で水をしっかりとらえることです。まずはあせらずリラックスして、正しく大きな動きを身につけること。そしてきれいに、速く、長く、楽に泳げるようにしましょう。

水泳①
レッスン
32

水に慣れる①

水の中はとてもきれいで気持ちのいいものです。まずは水を怖がらず、水と仲よくなってあそんでみましょう。

ステップ1 シャワーを浴びる

ひとりで頭からシャワーを浴びる

おふろで練習してみよう。
はじめは、シャワーを正面から浴び、慣れてきたらうしろから浴びてみよう。
目を開け、呼吸をしっかりしよう。
お湯から少しずつ温度を下げて水にしていこう。

ポイント
目を開けるときは、ゆっくり開けるのではなく、思い切って、パッと開けよう。

ステップ2 水中を歩く

横歩き（カニ歩き）

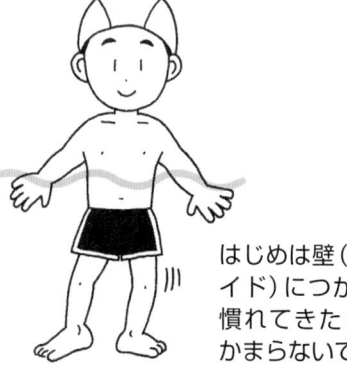

はじめは壁（プールサイド）につかまって、慣れてきたら壁につかまらないで歩く

前歩き、うしろ歩き

体のバランスを保ちながらゆっくり歩く

ステップ3 水中かけっこ

歩くことに慣れてきたら走ってみよう。
はじめはとびはねながら前に進む感じ。
慣れたら、競争したり息を合わせて走ったりしてみよう。

ステップ 4 顔をつける

息を止めて全身を水につける

口→鼻→耳→顔の順に水につけることができるようになったら、壁（プールサイド）につかまって、しっかり息を吸ってもぐろう。
もぐったら、思い切って目を開けてみよう。

> **指導される方へ**
> はじめは子どもの手をにぎって「せーの！」と声をかけて一緒にもぐってあげましょう。

水中ジャンケン

「ジャンケン」と言ってタイミングを合わせてもぐる。長い間もぐれるようになったら行う。

水中ことばあそび

水中で何を言ったか当てる。

ステップ 5 バブリング

ブクブク〜パッ！

口まで水に入り、口をとがらせて「ウー」と声を出しながらブクブク……と泡を出す（バブリング）。そのあとに「パッ」と息をする習慣をつける。
慣れてきたら顔をつけ、鼻でブクブクをする。
おふろで練習してみよう。

CHAPTER 6 ● 泳ぎをマスター

水泳②
レッスン
33

水に慣れる②

しっかりと息を吸い込み、あせらず、体の力を抜いて「体は浮くんだ」という感覚を身につけましょう。

ステップ 6 　水中ジャンプ

■ もぐった状態からジャンプして顔を出し、呼吸する

ポイント
水中では必ずバブリングする。

慣れてきたら、できるだけ深くもぐってジャンプしてみよう。

ステップ 7 　伏し浮きのび

■ 手足をまっすぐのばして水平状態になる

しっかり息を吸って頭まで十分にもぐり、体の力を抜く。
両うでで耳のややうしろをはさむようにすると姿勢が安定する。
目線はプールの底。

ポイント
水中では必ずバブリングする。

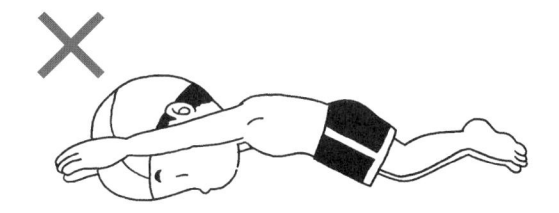

背中が丸まったり、ひざが曲がったりしてはダメ

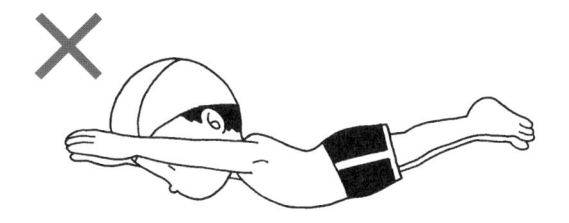

体に力が入っているとおなかからしずんでいってしまうよ。

壁をけって浮く

ビート板を持って両足で壁をけり、けのびをする。
慣れてきたら、ビート板を持たずにけのびをしよう。

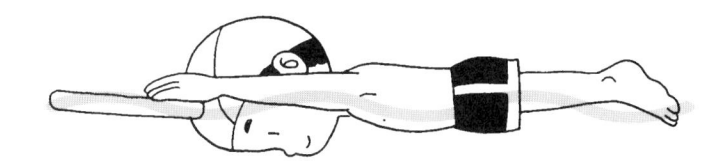

ステップ8 背浮き

ビート板を抱っこして天井を見て浮く

ビート板を体から離れないように抱っこする。
慣れてきたらビート板なしで浮けるようにする。

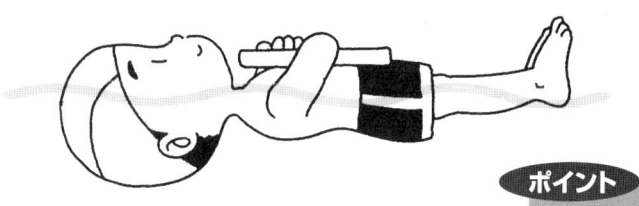

ポイント
目線は天井、おへそも水面と平行になるように。

指導される方へ
はじめは後頭部を補助しながら浮かせてあげましょう。

ここが大事！

体を浮かせるということと、体のラインをまっすぐにするというのは、4泳法、すべての泳ぎの基本。しっかりと身につけよう。
体に力が入るとしずむので、リラックスしよう。

CHAPTER 6 ● 泳ぎをマスター

水泳③
レッスン **34**

クロール①

正しいバタ足を身につけましょう。1本の棒がしなやかに曲がるようなイメージを意識しながらやってみましょう。

ステップ1　腰かけバタ足

☐ ひざを曲げずに、太ももの付け根から足をバタバタ動かす

プールサイドに腰かけ姿勢ですわり、両手をうしろについて背すじをのばす。

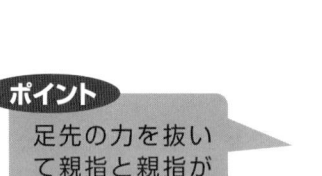

ポイント
足先の力を抜いて親指と親指がぶつかるように。

○

自分の目でバタ足のフォームを確認できるので、目をそらさないようにしっかり見よう。

足先に力が入ったり、足が広がったり、ひざが曲がったバタ足は、しずみやすく、前に進まない。自転車をこぐようなバタ足にならないように注意。

×

ひざが曲がった状態でバタバタしてはダメ

ステップ2 ビート板バタ足

☐ 両手をビート板の上にのせ、顔を上げたままバタ足で進む

肩の力を抜き、ビート板にアゴをのせて行う。

> **指導される方へ**
> 足がしずんできたら、おなかのあたりを下から持ち上げて、水面と平行にしてあげましょう。

☐ 手のひらだけビート板にのせ、顔をつけてバタ足で進む

左右バランスよく動かし、苦しくなったら立つようにしよう。

> **ポイント**
> うでで耳のややうしろをはさむ。

☐ 慣れたらバブリングをくり返しながらバタ足で進む

「1、2、3、パッ」、「ブクブクブクパッ」など、一定のリズムに合わせてバブリングする。

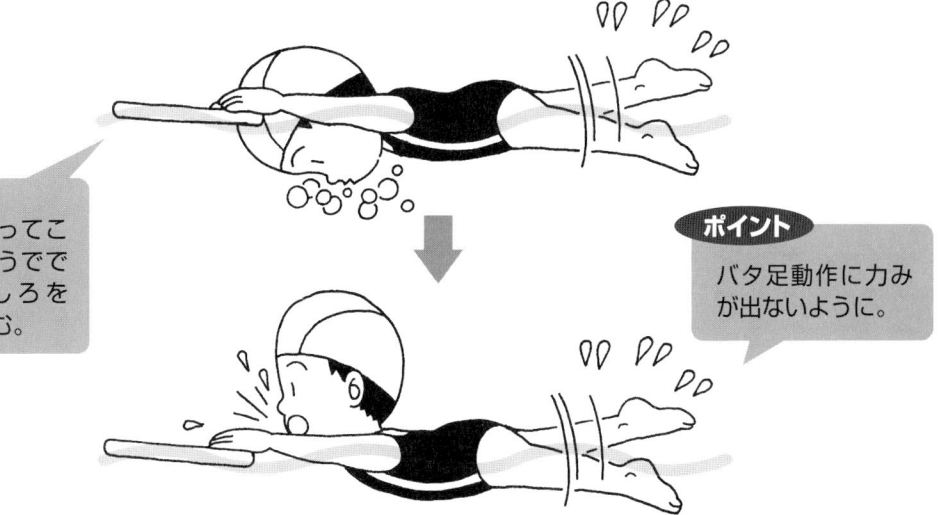

> **ポイント**
> 頭や肩が上がってこないように、うでで耳のややうしろをしっかりはさむ。

> **ポイント**
> バタ足動作に力みが出ないように。

水泳④ レッスン35 クロール②

まずはプールサイドに立ったまま、正しいうでの動き（ストローク）をおぼえ、プールの中で何度も練習してマスターしましょう。

ステップ3　ストロークの練習

☐ 1. 前にならえの姿勢

指を開いたり丸めたりしないように、まっすぐのばす。
ひじもしっかりのばそう。

ポイント
手のひらは下に構える。

☐ 2. 片手だけ真下を通って太ももまで押す

手のひらを下にしたままうしろへ押す。
押し終わったとき、親指が下になる。

ポイント
しっかり太ももまで水を押すイメージを持とう。

☐ 3. 太ももから前に戻す

親指を下に向けたまま、ひじを曲げずに前へ戻す。

ポイント
リラックスして大きくまわそう。

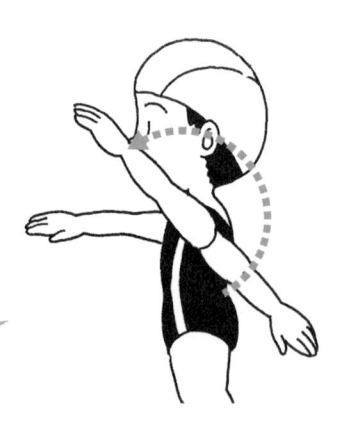

4. 反対の手で同じように

左右同じように行う。
体がグラグラしないように注意しよう。

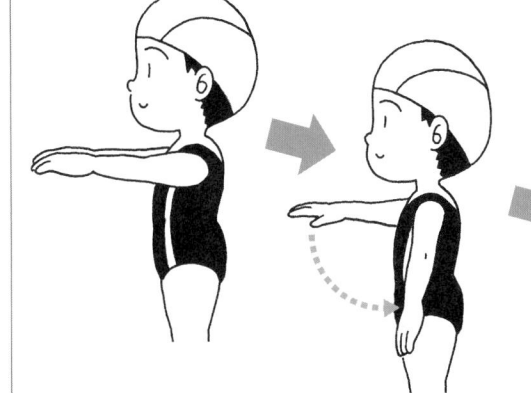

完成型

ポイント
鏡の前で自分の動きを
チェックしてみよう。

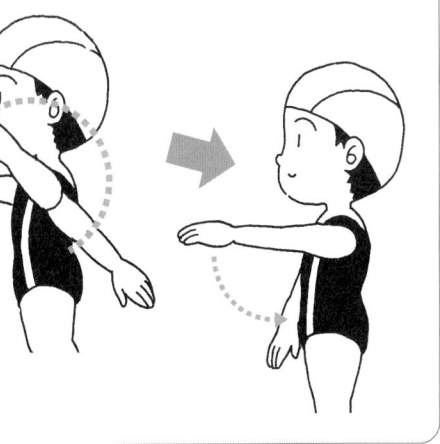

水の中で泳いでいるイメージで
ストロークしよう。
あせらずゆっくり大きく！

ここが大事！

太ももから前に戻すとき、よくひじを曲げてしまう場合がある。親指を下に向けたまま、ひじをしっかりのばした状態で、うでを大きくまわそう。

ひじを曲げてはダメ

CHAPTER 6 ● 泳ぎをマスター

水泳⑤
レッスン
36

クロール③

バタ足と組み合わせて泳いでみましょう。水の重みを感じながら、はじめはゆっくり、大きく泳ぎましょう。

ステップ4　ビート板を使って片手ストローク

■ 片方の手で2〜3回ずつストローク

水の中での「ブクブクブク〜」を忘れないように。

ポイント
太ももまでしっかり水を押そう。

ここが大事！

アゴを少し引こう

頭が上がったり体がそったり、背中が丸まったりしてしまうと、腰や足がしずんでしまうよ。アゴを少し引いて、体をまっすぐにしよう。

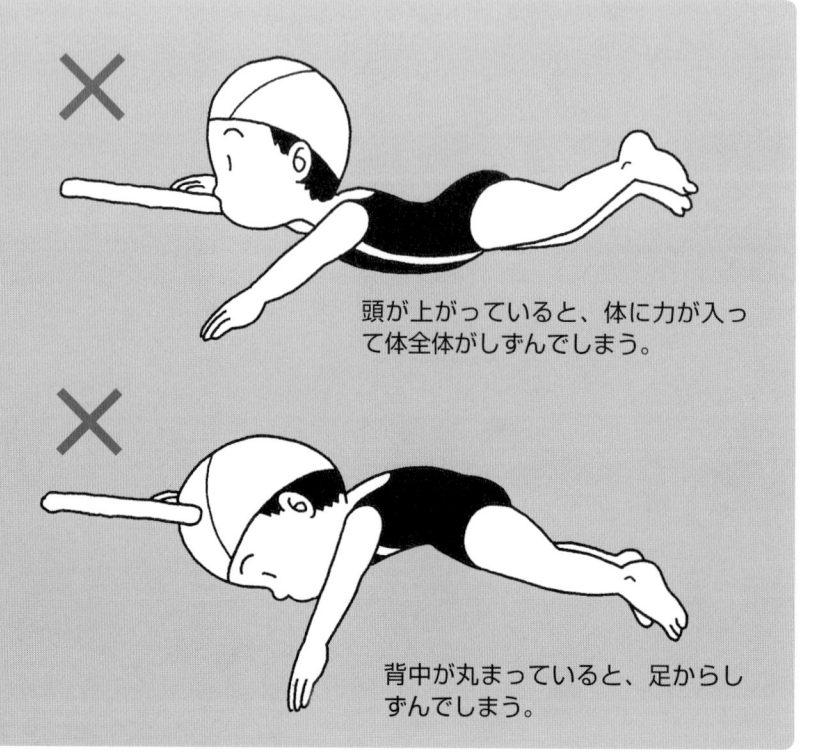

✗ 頭が上がっていると、体に力が入って体全体がしずんでしまう。

✗ 背中が丸まっていると、足からしずんでしまう。

ステップ5 ビート板を使って両手ストローク

交互の手で、同じ速さでストローク

水の中での「ブクブクブク〜」を忘れないように。
ビート板を持つ手はしっかりのばそう。

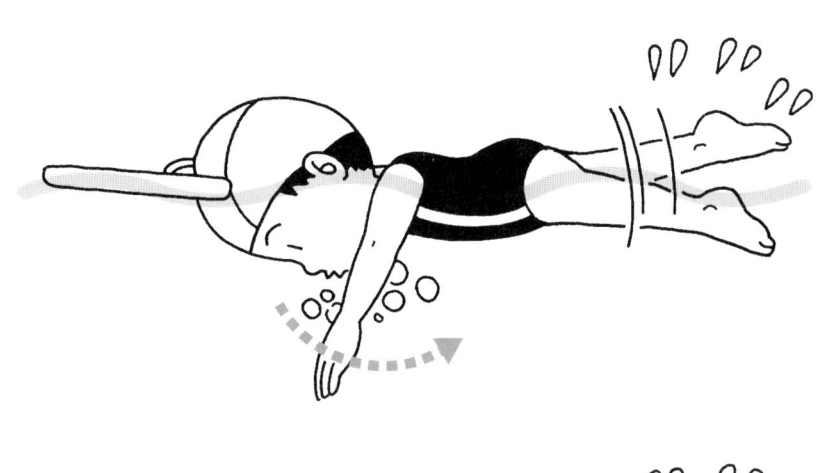

> **指導される方へ**
>
> 慣れないうちは、ストロークに気をとられてバタ足を忘れてしまうことがあります。バタ足が止まらないように「バタバタバタ〜」などと声をかけてあげましょう。

ここが大事!

キックの回数は6ビート（左右の手を1回ずつストロークする間に6回キック）が基本だけれど、あまり気にせず、一番スムーズにいくキックの回数が自分のリズムだ。
何度も泳いで自分に合ったキックの回数を見つけよう。

CHAPTER 6 ● 泳ぎをマスター

水泳⑥
レッスン
37

クロール④

水泳の呼吸は「吐いてから吸う」が基本です。左右どちらに向いて呼吸してもいいので、自分のやりやすいほうでやってみましょう。

ステップ6 息つぎの練習

■ 片手ストロークで練習

ビート板、またはプールのふちを利用して、立ったまま息つぎする側の片手ストロークをする。

ポイント
顔を上げたとき、目線は横。息つぎをしやすくするために、大きくストロークしよう。反対側のうで（ひじ）はしっかりのばそう。

■ 両手ストロークで練習

ビート板を利用して、立ったまま両手ストロークをする。

指導される方へ
子どもの息つぎする側に立ち、しっかり横を向いているか目を合わせましょう。

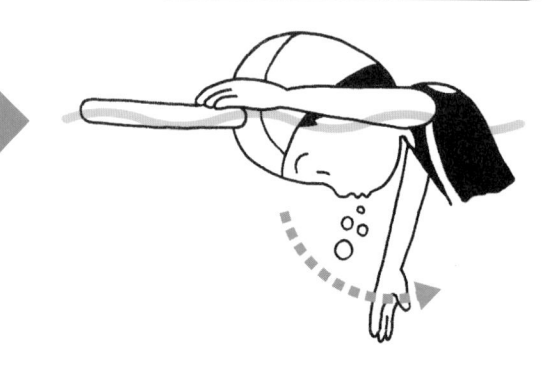

ここが大事！

・息つぎが終わったら、すぐに頭を戻すこと。
・息つぎ以外のときは、耳のややうしろをうででしっかりはさんで頭が上がらないようにすること。
・水をかきながら顔を上げること。

ステップ7　ビート板に手をのせてクロール

■ ビート板を使って泳ぐ

息つぎのフォームをマスターしたら、ビート板を使って泳いでみよう。
ビート板にたよりすぎないように、手のひらの力を抜き、しっかりとバタ足をすることが大事。

指導される方へ

ビート板のかわりに、手で支えてもOK！
そのときはうでを少し引っぱり、うでをしっかりのばすことを意識させましょう。

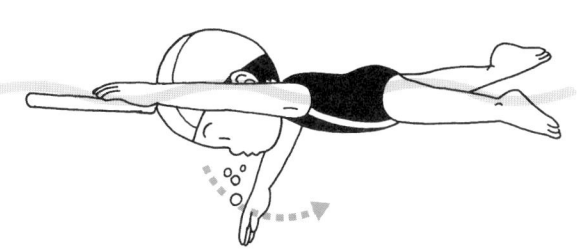

ステップ8　ビート板なしのクロール

■ 息つぎの回数を決めて泳ぐ

はじめは、「2回息つぎをしたら立つ」、「3回息つぎをしたら立つ」というように、立つまでの息つぎの回数を決めて練習しよう。慣れてきたらその回数を少しずつ増やしていこう。

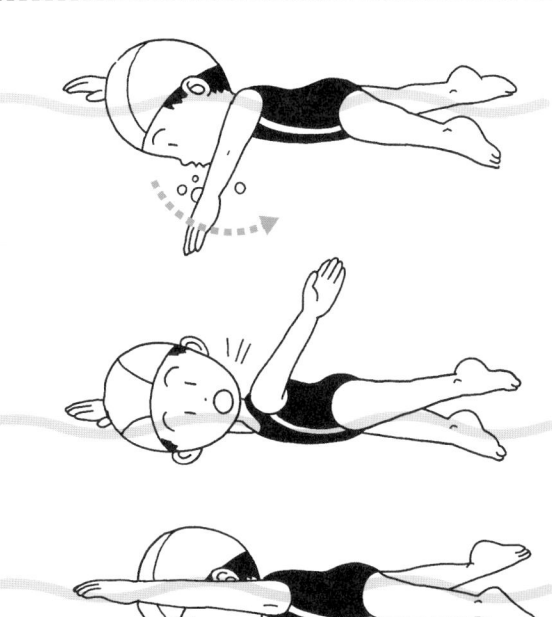

ポイント

「顔がうまく上がらない」「水を飲んでしまう」場合は、足がしずんでいる可能性がある。体をまっすぐにして、しっかりバタ足をしよう。

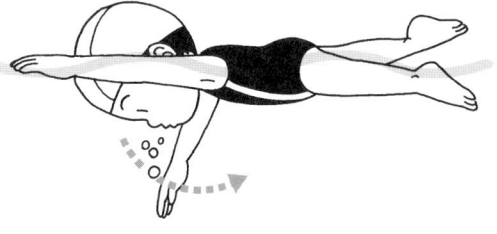

CHAPTER 6 ● 泳ぎをマスター

水泳⑦ レッスン38 平泳ぎ①

ひざから下を上手に使って、足の裏でしっかりと水をけりましょう。
はじめは難しい動きかもしれないけど、しっかり練習しましょう。

ステップ1 キックのフォームをおぼえる

☐ かかとを引きつける

かかとに力を入れて足首を曲げながらひざを曲げ、かかとをおしりに引きよせる。
「1」の動きとおぼえよう。

「1」

ポイント
かかとをおしりに引きよせるとき、ひざがおなかのほうに来ないように注意！ 足がしずむよ。

☐ キック

足の裏全体で水をける。
「2」の動きとおぼえよう。

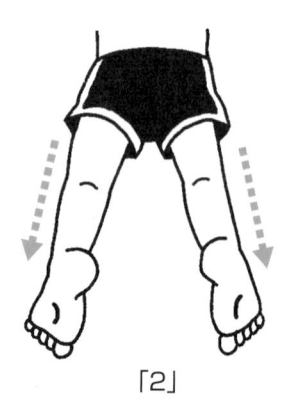

「2」

ポイント
足首をしっかり曲げた状態で水をけること。

☐ のびる

けのびと同じように、手足をしっかりのばす。
「3」の動きとおぼえよう。

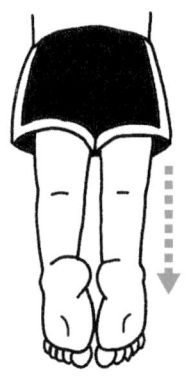

「3」

ポイント
けり終わったら、足首はのばそう。

ステップ2 キックのリズムをおぼえる

1、2、3のリズムをおぼえる

キックのフォームをおぼえたら、プールのふちにつかまって、ゆっくりと一連の動きにし、「1」で引きつける、「2」でける、「3」でのびるというリズムをおぼえる。

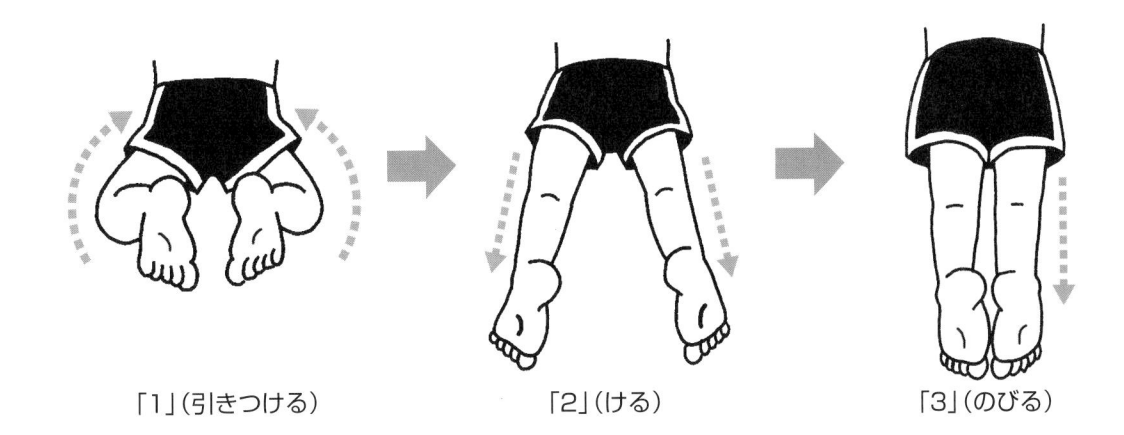

「1」(引きつける) 　　　「2」(ける) 　　　「3」(のびる)

ステップ3 ビート板を使ってキックの練習

ビート板に手をのせ、顔を上げたままキックだけで進む

指導される方へ
キックのリズムが乱れないように、横で、「1、2、3」とカウントしてあげましょう。

ここが大事!

あおり足になってはダメ!

あおり足にならないように、水をけり終わるまではしっかりと足首を曲げておこう。

CHAPTER 6 ● 泳ぎをマスター

水泳⑧ レッスン 39 平泳ぎ②

平泳ぎは手足のタイミングがとても重要です。うでの動きと呼吸のタイミングをしっかりマスターしましょう。

ステップ4　ストロークと息つぎのフォームをおぼえる

☐ うでをのばして顔をつける

立った状態で、けのびと同じように、うでをしっかりのばして顔をつける。
キックの「3」の動きと合わせておぼえよう。

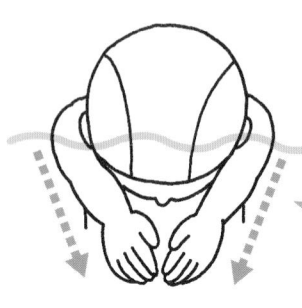

ポイント　バブリングも忘れずに。

☐ 水をかいて顔を上げる

手のひらで水をかき分けながら顔を上げ、手が胸の前に来たときにパッと息を吸う。
キック「1」の動きと合わせておぼえよう。

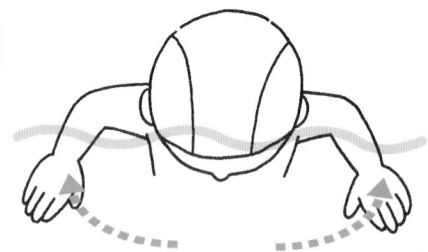

ポイント　水をかき分けるときは、ハートを逆にしたような形を描くように手を動かす。

ポイント　顔は上げすぎず、アゴを少し引いた状態で。

☐ うでをのばしながら顔をつける

胸の前からまっすぐうでをのばしながら顔をつける。
キック「2」の動きと合わせておぼえよう。

できるようになったら、歩きながら一連の動きにして練習しよう。

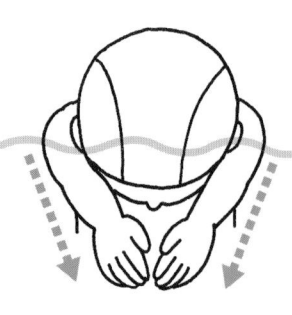

ステップ5 キックとストロークを合わせる

壁をけって、けのびの状態からスタート

両足でしっかり壁をけって、しっかりとのびよう。

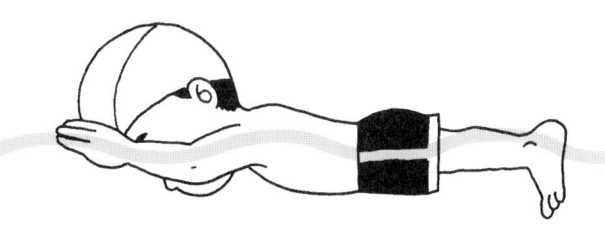

キックもストロークも「1」の動きからはじめる

かかとをおしりに引きよせ、水をかき分けながら顔を上げ、息つぎをする。

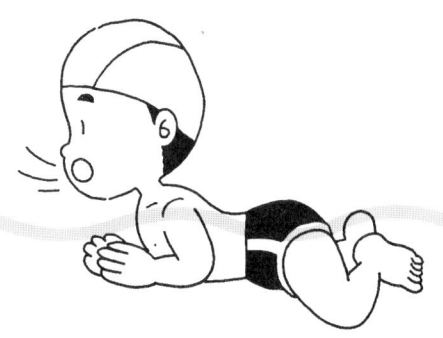

うで・足ともにしっかりのびる

水の中ではバブリングしよう。

指導される方へ

タイミングをとりやすくするために、横で「1、2、3」と声をかけてあげましょう。

ここが大事!

はじめのうちはストロークとキックのタイミングが合わず、難しいかもしれない。慣れるまではビート板を利用して、キックと息つぎだけの練習をしてみよう。

CHAPTER 6 ● 泳ぎをマスター

水泳⑨
レッスン
40

背泳ぎ①

クロールのバタ足と同じように、けり上げるときにしっかりと足の甲で水をとらえましょう。顔はまっすぐ上を見ましょう。

ステップ1 バタ足の復習

腰かけバタ足で足の動きを確認

プールサイドに腰かけ姿勢ですわる。
両手をうしろについて背すじをのばす。
ひざを曲げずに、太ももの付け根から足をしなやかにバタバタと動かす。

ポイント
足先の力を抜いて親指と親指がぶつかるように。

自分の目でバタ足のフォームを確認できるので、目をそらさないようにしっかり見よう。

ステップ2 板付き背面バタ足

ビート板を使って背面バタ足の練習

ビート板を体から離れないように抱っこして、「背面バタ足（背浮き＋背面バタ足）」を練習する。
水面からひざが出ないように注意しよう。

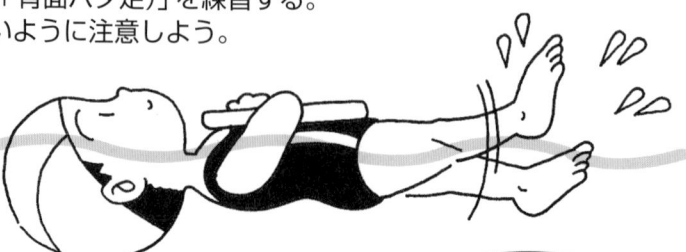

ポイント
足首には力を入れずに、足の付け根から大きくバタ足をして、水面から泡が出るように。

ステップ3　気をつけ背面バタ足

ビート板なしで背面バタ足の練習

慣れてきたらビート板なしで「気をつけ背面バタ足」をする。

ポイント
おへそにひもがついていて天井からつるされている感覚でやってみよう。

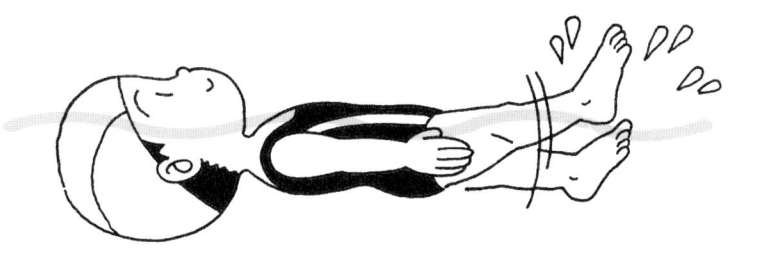

ステップ4　バンザイ背面バタ足

両手を上にのばして背面バタ足の練習

バタ足の力が強くなってきたら、両手を上にのばし「バンザイ背面バタ足」をする。

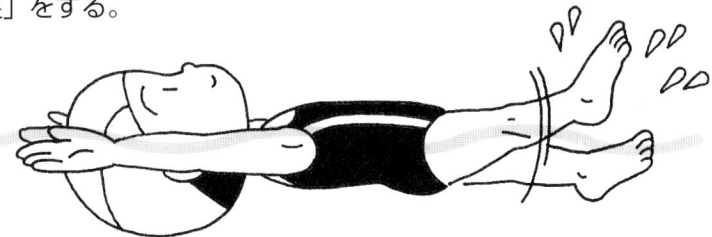

ここが大事！

背すじをのばして、視線は天井に！

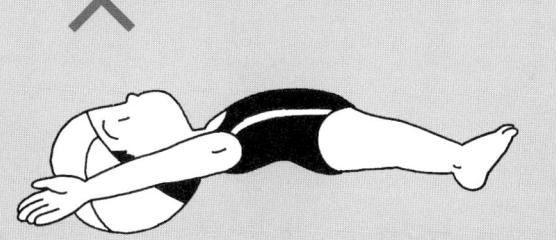

✕　背すじをのばしすぎると体が力んでしずんでしまうよ。

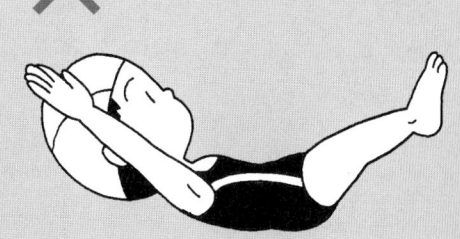

✕　腰が曲がったり頭が上がったりすると、腰や足がしずんでしまうよ。

CHAPTER 6 ● 泳ぎをマスター

水泳⑩
レッスン
41

背泳ぎ②

左うで、右うで、まったく同じように動かします。体をまっすぐにすることを忘れないように注意しましょう。

ステップ5 ストロークのフォームをおぼえる

プールサイドに立ったまま、まずは片手ずつ、動きをおぼえよう。
つぎに両手の動きを組み合わせ、左右同じリズムで動かせるように練習しよう。

☐ 右手を上に上げ（片手バンザイ）、左手は横から太ももまで下ろす

気をつけの姿勢から、どちらか片方のうでをまっすぐ上げる。

ポイント
太ももから手を上げるときは、体の内側や外側ではなく、まっすぐ手をのばして小指から入水するように。

☐ 右手を横から太ももまで下ろし、左手は前から上に上げる（片手バンザイ）

バランスよく、左右同じように行う。

ポイント
太ももまで手を下ろすときは、手が水面から出ないように、水中でしっかり水を押す。

ステップ6　4拍子背泳ぎ

4拍子で手を交代する

まずは片手だけバンザイの姿勢で、「片手上げ背面バタ足」の練習をする。バランスがとれるようになったら4拍子で手を交代する（4拍子背泳ぎ）。

ポイント

呼吸はリズムよく、鼻から息を吐き、口から息を吸う。

ステップ7　2拍子背泳ぎ

2拍子で手を交代する

4拍子背泳ぎで、うでを交代するリズムがスムーズにできるようになったら、2拍子で練習する（背泳ぎの完成！）。

ポイント

頭がグラグラしないようにまっすぐ上を見よう。

CHAPTER 6 ● 泳ぎをマスター

水泳⑪
レッスン
42

バタフライ①

バタフライのキックはイルカの動きと同じドルフィンキック。しっかりと足をそろえてキックしましょう。

ステップ1　キックのフォームをおぼえる

■ その場で練習

プールサイドにうつ伏せになるか、プールのふちにつかまって両足同時に足の甲でける練習をする。

ポイント
けり方はバタ足と同じ。違う点は、両足同時にける反動で、腰が上下に動くこと。

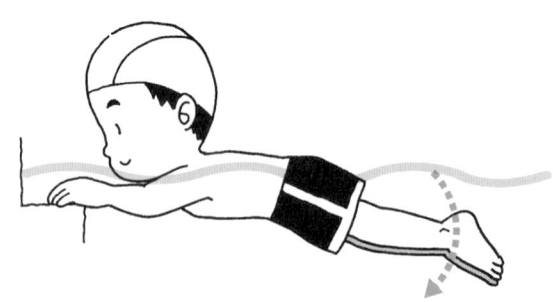

■ イスを使って練習

イスにすわり、背もたれにもたれてキック練習をやってみよう。

ポイント
両足の親指と両ひざは、離れているとバランスよくキックができないので、しっかりとくっつけよう。

ポイント
イスには浅くすわること。

ステップ2 一定のリズムでキックする

ビート板を使って練習

ステップ1でキックのフォームをおぼえたら、ビート板を使って、顔を上げたまま「1、2」のリズムで2回キックしよう。

ポイント
2回目のキックの終わりに息つぎをする。

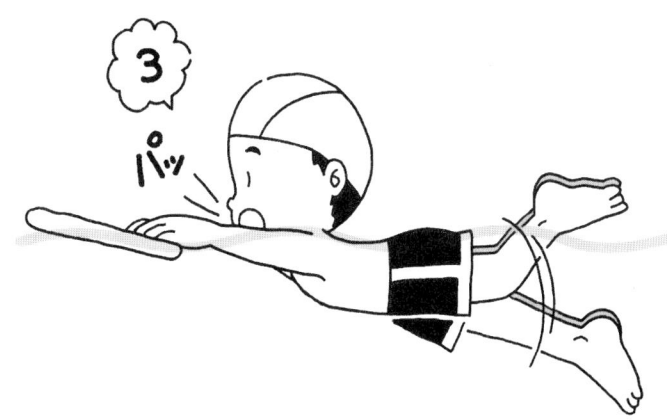

ステップ3 息つぎの練習

「1、2、パー」のタイミングで息つぎ

ステップ2でリズムよくキックできるようになったら、頭を入れて「1、2、パー（息つぎ）」のタイミングで呼吸練習をする。

ポイント
手をまっすぐのばして、キックに合わせてビート板を押すようにする。

CHAPTER 6 ● 泳ぎをマスター

水泳⑫
レッスン
43

バタフライ②

うでの動きはクロールとほぼ同じで、違うのは両手同時にバランスよく行うこと。キックと合わせるときは腰の動きに注意しましょう。

ステップ4 ストロークの練習

片手ずつうでのタイミングを合わせる練習

「1、2、3、4」のリズムに合わせて片手ずつストローク。手のひらはうしろに向け、親指から入水する。

1.前ならえ

ひじをしっかりとのばそう。

2.片手クロール

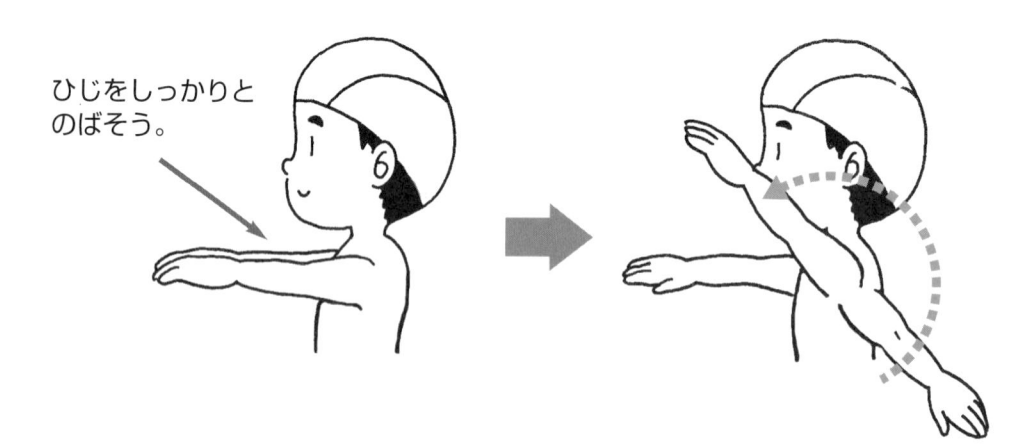

3.前ならえ

左右同じようにバランスよく。

4.片手クロール

ステップ5　ストロークとキックを合わせる

ビート板を使って練習

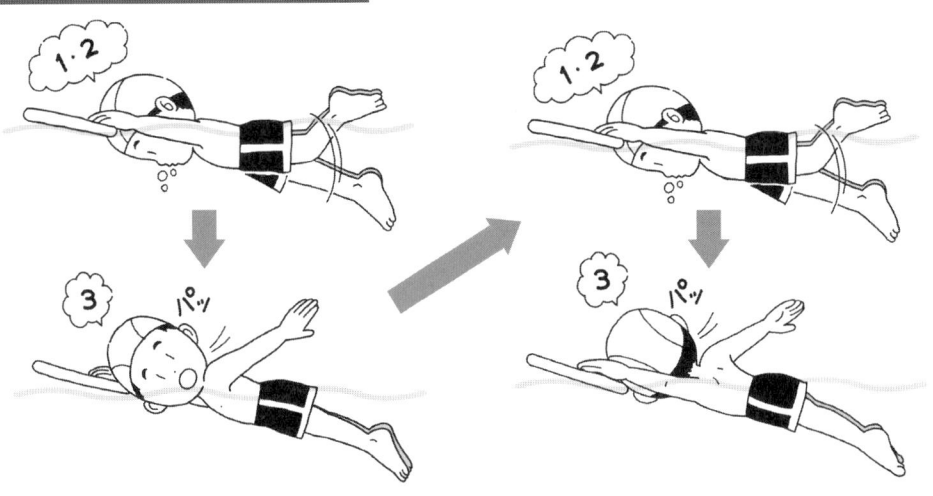

「1、2、3」のリズムでうでとキックを合わせる。
慣れてきたら、「1、2、3（息つぎ）」のリズムで左右交互に手をまわして、3でクロールの息つぎをする。

ステップ6　仕上げの練習

慣れてきたら、1.前ならえ　2.両手　3.クロール　4.クロールの息つぎの順で練習し、つぎに息つぎなしのバタフライを練習してから、両手息つぎを練習し、バタフライを完成させよう。

息つぎなしのバタフライ

1.前ならえ　2.両手　3.前ならえ　4.両手のリズムで。

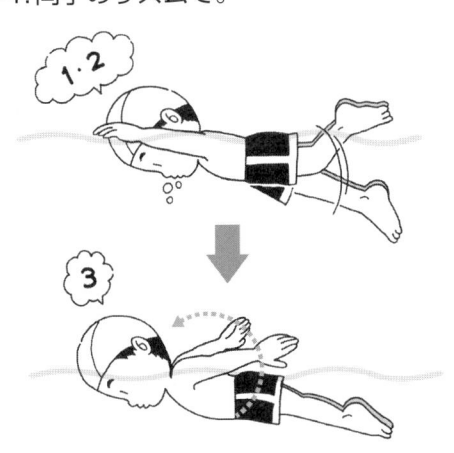

ポイント
無理して手をまわさないこと。水の上に出ていれば、体の横を通って戻してもOK！

両手息つぎ

1.前ならえ　2.両手　3.前ならえ　4.両手息つぎのリズムで。

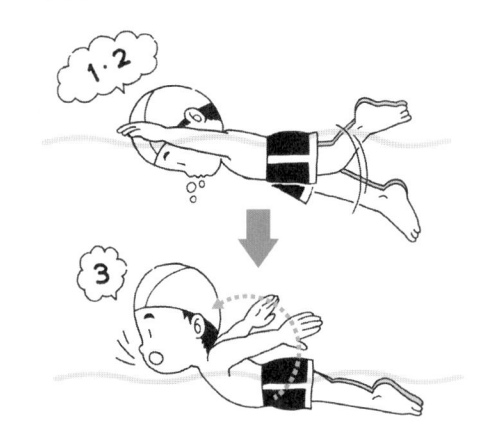

ポイント
息つぎをするときに頭を上げすぎないように。アゴが水面から少し出る程度にしよう。

CHAPTER 6 ● 泳ぎをマスター

新体力テスト⑥ ソフトボール投げをマスター

ソフトボール投げは、投げる能力をはかるためのテストです。投げる力は、ふだんからボールあそびに親しんでいるかどうかで、ずいぶんと差が出ます。ひごろからドッジボールやボール鬼などでボールあそびに親しんで、遠くまで投げる力をきたえましょう。

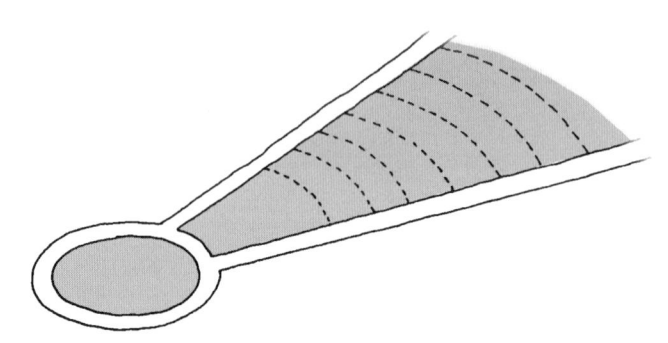

【用意するもの】
ソフトボール1号（外周26.2～27.2cm、重さ136～146g）、巻き尺、図のような投てき場
※ボールは、規格に合っていればゴム製のものでもOK。

【やり方】
地面に描かれたサークル内からボールを投げます。
投げているときや投げ終わったときにサークルのラインをふんだり、サークルの外に出たりしてはいけません。
投げ終わったら、体の動きを止めてからサークルの外に出ます。

ここに注意！

投げるときのフォームは自由だけど、なるべく下手投げはしないように。
また、サークルの外に出ないよう気をつけながら、軽くステップして投げたほうがよく飛ぶ。

◎記録アップのコツ◎

低空飛行にならないように注意しよう！近くではなく、遠くの建物などを目標にして、そこに向かって投げるような気持ちで投げるといいよ。

ウォーミングアップとクールダウン

付録

ここでは、スポーツマジックで取り入れている運動を紹介します。練習の前やあとには、このイラストを参考に全身の筋肉をよくのばし、関節をまわすなどして、ケガをしないように、そして疲れを残さないようにしましょう。

わきをのばす運動

両うでを頭のうしろにまわし、片方の手でもう片方のうでを引っぱり上げます。反対の手でも同じようにします。

肩からうでの筋肉をのばす運動

横に出したうでを、もう片方の手ではさみ込んで引っぱります。反対の手でも同じようにします。

胸の筋肉をのばす運動

うしろで両手を組み、肩と肩をうしろでくっつけるようなイメージで、手を下に引っぱります。

背中の筋肉をのばす運動

両手を組み合わせて肩の高さにまっすぐ前に出し、手のひらをできるだけ胸から離すようにします。

おしりから太ももの筋肉をのばす運動

片方の足を折り曲げてのばした足の外側につけ、両手で折り曲げたひざを抱え込みます。

反対の足で、同じようにやります。

前ももの筋肉をのばす運動

片方のひざを折り曲げてすわり、もう片方の足をまっすぐ前にのばしてうしろに倒れます。

反対の足で、同じようにやります。

腰とまたの筋肉をのばす運動

足の裏と裏を合わせて、両手でできるだけ体のそばに引きよせながら、上体を前に倒します。

付録 ● ウォーミングアップとクールダウン

太ももの裏側と、おなかからわきにかけての筋肉をのばす運動

片方の足を前に折り曲げて体の近くに引きよせ、もう片方の足は横にのばします。この姿勢のまま、のばした足の方向に上体を横に倒します。

足を逆にして、のばした足の方向に上体を横に倒します。

おしりの筋肉をのばす運動

足を体の前後で折り曲げ、上体を前に倒します。

足を逆にして、同じように上体を前に倒します。

アキレス腱をのばす運動

片方の足を折り曲げ、もう片方のひざを立て、両手で抱え込んだまま上体を前に倒します。ひざを立てた足のかかとを上げないようにします。

反対の足で、同じようにやります。

かいせつ

子どもにもっと運動の機会を

　年々、子どもの体力、運動能力は低下傾向にあります。その背景には、テレビゲームの普及によって外であそぶ機会が減ったこと、そして塾に通う子どもが増えたことなどがあげられます。

　これは、子どもの欲しがるものを簡単に買い与えたり、成績を上げてよい学校へ進んでほしいと思ったりする親にも責任があるといえるでしょう。しかし一方では、十分に運動もしてもらいたいという願望もあるはずです。体力をつけるため、健康に育てるため、スポーツ万能になって活躍してほしいなど、その理由は色々でしょう。

　「大人になったときの運動神経は、子どものときに獲得した運動神経と同じ」ともいわれるように、運動神経は10歳までで決まるといっても過言ではありません。近年では「ゴールデンエイジ」という考え方が広まっています。小学生の年代にあたるこの時期にしっかりと運動をすれば、将来トップアスリートになれる可能性が高くなるといいます。

　もちろん、大人になってからでも運動能力を上げることはできます。晩成型や先天的な才能の持ち主もいるでしょう。しかし、このような考え方が広まってきている以上、やはり子どもへ運動の機会を与えるということは重要さを増してきています。

子どもには大人以上の回復力がある

　ここにつぎのような実例があります。
―― わずか5、6歳の幼稚園児がフルマラソン（42.195km）を完走 ――
　これには仕掛けがありました。5kmごとにお菓子やジュース、おにぎりなどをたくさん用意しておいたのです。それを食べた園児は体力が回復し、「つぎの地点まで走ればまたお菓子が食べられる」とワクワクして再び走り出し、そのくり返しでついに完走してしまったのです。

　この園児が通う幼稚園では、毎日のランニ

ングを30年以上も続けています。途中で歩いたり遊具であそんだりしながらも、年長では5kmのランニングをこなすそうです。さらに週末にはハイキングや日帰り登山を楽しみ、富士山登頂も達成しています。

　園長は、現代の子どもたちに体力をつけさせたい、たくましく育てたいという思いで指導しているのだと思います。このような期待に応える子どもの体力はあなどれません。

　もちろん小さな体では体力の消耗が早く、休まずにずっと運動を続けることは無理です。しかし、子どもの体力に合わせて適度な休憩をとれば、大人以上に長い距離を走ることのできる回復力があるのです。たとえフルマラソンを走ったあとでも、お菓子を食べてすぐにあそびまわれるほどです。

　子どもは、自分が得意とするスポーツやあそびはいつまでも何度でもやりたがるものです。うまくできなければもっとがんばろうと挑戦し、うまくできれば楽しくて仕方がなくてやり続けます。体力の限界を知らない子どもですから、だれかが止めなければ終わらないなどということもあるでしょう。

子どもの成長に運動が不可欠な3つの理由

　では、運動は子どもの成長にどのような影響を与えるのでしょうか？

　まず、親が子どもに運動をさせたい理由にもあったように、「体力をつけること」ができます。現代の子どもは外あそびをする機会がなく、小さなケガさえもすることが少なくなっています。その結果、たまに外あそびをしたときに、普通ならケガを回避できるはずが、俊敏さがないためにかえって大きなケガを負ってしまうということがあります。体力をつけることで筋力がつき、運動能力が向上し、危険を回避する力がつくでしょう。

　また、抵抗力がつき、風邪もひきづらくなります。運動することによって肥満解消にもつながります。

　つぎに「協調性を学ぶこと」ができます。これは机に向かう勉強では得られない大切な感性です。どのスポーツもひとりでやり遂げられるものではありません。個人競技であっても、多くの人との関わりがあり、教えてく

れる指導者がいるからこそ効率的なトレーニングができ、後援者がいるからこそ施設や器具などのトレーニングに必要なものが利用できるということを教えられます。

さらに団体競技では、同じ目標を持つチームメイトがいるからこそ、お互いを助け合い、チームワークを高めるということをおぼえます。そこで育まれた感性というのは、その後の社会生活においても大きな影響を与えるものだと思います。

そして何よりも「自分に自信を持つ」ことをおぼえます。人間の成長で大事なことは苦手意識を克服して自分に自信を持つことです。

では、何に自信を持てばよいのでしょう？勉強や容姿など、自信につながるものはさまざまですが、その中に運動というジャンルも確実に存在するといえるでしょう。「自分だってやればできるんだ」という前向きな気持ちを持つことはとても大切です。

なわとびができなかった子どもが初めて1回とべたときの喜び、水に顔をつけられなかった子どもが25mを泳ぎきったときの満足感。これらは運動ならではのものでしょう。

だれでも最初から完璧にできる人はいません。目先の小さなことをクリアすることからはじまり、それによって自信をつけ、さらに大きな目標へ向かっていけるのです。

以上にあげた3つが、私が子どもの成長には運動が不可欠だと考える理由です。

なるべく運動をしたほうがよいことは、だれもがわかっていることです。しかし、実際に行動に移すか否かによって、その後の人生に大きな影響を与えかねないことを、私たち大人は心得ておく必要があるでしょう。

体育の家庭教師「スポーツマジック」代表

山本　豪

関連情報

スポーツマジックは、体育（スポーツ）の家庭教師です。

　スポーツジムや、サークルなどの団体とは違い、プライベートレッスンによるきめ細かい指導を行います。
　スポーツが人生に与える影響は非常に大きいものです。しかしながらスポーツに対して苦手意識を持った人が多いのも事実です。私たちの力でスポーツに対する苦手意識を克服し、自信を持たせ、明るい人格を育んでいただけたらと思います。

◎スポーツマジック
　住　　所：東京都渋谷区恵比寿1-22-3-503
　電　　話：03-5791-1696
　ＦＡＸ：03-5421-3998
　メール：info@sports-magic.jp
　ホームページ：http://www.sports-magic.jp
　受付時間：9：00〜19：00（年中無休）
　首都圏（東京・神奈川・千葉・埼玉）、大阪を中心に運動種目のマンツーマンレッスンからグループレッスンを展開。
　東京都内にて少人数制陸上教室を開催中。

著者紹介

山本　豪（やまもと・たけし）
体育の家庭教師「スポーツマジック」代表

1973年8月1日生まれ。静岡県出身。
小学生から野球・剣道に親しむ。中学生時代に陸上競技の短距離をはじめ、静岡県立伊豆中央高校時代に中・長距離へ転向。日本大学を経て、瀬古監督率いるヱスビー食品に入社。2002年に現役引退。2004年4月、体育の家庭教師「スポーツマジック」を設立。「スポーツで人生は変わる」の理念のもと、子どもの体育の苦手種目克服からアスリート育成まで、幅広くスポーツ全般の指導を行う。
マンツーマンのきめ細かい的確な指導、グループレッスンの協調性・向上心を重視する指導で、子どもたちの自信と可能性を引き出すことをめざす。

【主な実績】
1991年　　　　：インターハイ3000mSC優勝
1992年　　　　：世界ジュニア3000mSC7位
1995年　　　　：全日本インターカレッジ1500m優勝
1995年　　　　：日本選手権1500m優勝
1995年　　　　：ユニバーシアード1500m決勝進出
1994〜1996年：箱根駅伝出場
1997〜2000年：全日本実業団駅伝出場
2000年　　　　：アジア選手権3000mSC出場

- イラスト　　　　　Shima.
- カバーデザイン　　佐藤　健＋六月舎
- 本文レイアウト　　八木澤晴子
- 編集協力　　　　　(株)ノボックス

イラスト版　体育のコツ
運動が得意になる43の基本レッスン

2006年10月25日　　第 1 刷発行
2024年 2 月20日　　第10刷発行

著　者　　山本　豪
発行者　　坂上美樹
発行所　　合同出版株式会社
　　　　　東京都小金井市関野町1-6-10　　郵便番号 184-0001
　　　　　電話 042（401）2930
　　　　　URL：https://www.godo-shuppan.co.jp/
　　　　　振替 00180-9-65422
印刷・製本　　新灯印刷株式会社

■刊行図書リストを無料送呈いたします。
■落丁乱丁の際はお取り換えいたします。

本書を無断で複写・転訳載することは、法律で認められている場合を除き、著作権及び出版社の権利の侵害になりますので、その場合にはあらかじめ小社あてに許諾を求めてください。
ISBN978-4-7726-0366-9 NDC 375 275×182
©Takeshi Yamamoto, 2006